冷戰、
島鏈與
亞洲

台灣的觀點與反思

Cold War, Island Chain and Asia:
Taiwan's Perspective and Critics

蔡東杰 主編

目次

主編序 Preface
蔡東杰　重新檢視冷戰史的意義　　　　　　　　　　　　007

導讀 Introduction
林碧炤　亞洲觀點下的冷戰史　　　　　　　　　　　　　011

1950 年代：分裂與對立
Back to the 1950s: Split and Confrontation

陳欣之　冷戰源起之論辯與東亞案例省思　　　　　　　　049
楊三億　中間地帶國家如何在兩極體系夾縫中找尋出路　　063
蔡育岱　反思與重估冷戰來臨及其當代啟示　　　　　　　075
黃義杰　島鏈理論的「安全化」分析　　　　　　　　　　083

1960 年代：狂飆與反動
Back to the 1960s: Racing and Reaction

辛翠玲　冷戰網絡中的島鏈視角：美國人在南台灣足跡　　101
王宏仁　代理人戰爭、核武競賽與新興國家的挑戰　　　　109
唐欣偉　1960 年代冷戰經驗對 2020 年代的啟示　　　　　123
趙文志　冷戰的選擇與轉捩點：越戰與古巴飛彈危機　　　133
林子立　越南戰爭對冷戰的影響　　　　　　　　　　　　141

1970 年代：和解與重塑
Back to the 1970s: Détente and Redesign

崔進揆	中東地區之戰爭、和解與民族主義發展	149
平思寧	國關大理論是否現在還能適用？	155
邱昭憲	冷戰結構轉型與戰略三角之演進	169
陳冠任	冷戰真的結束了嗎？	175
希家玹	美中破冰與東亞文化大融合之浮現	183

1980 年代：解構與終結
Back to the 1980s: Deconstruction and Ending

譚偉恩	槍炮與奶油的鬥爭：美國的「異常」軍事支出	195
李佩珊	新自由主義與 1980 年代的冷戰	205
周志杰	翻轉冷戰圖像下的台灣地緣政治定位	211
劉奇峯	解密美國外交檔案中的印美關係（1977-1988）	221
陳偉華	1980 年代美國在香港的情報活動	229

新冷戰：定義與評價
New Cold War: Definition and Prospect

| 陳亮智 | 新冷戰與舊冷戰 | 239 |
| 王文岳 | 新冷戰下的東南亞 | 245 |

陳育正	中共「三海連動」戰略：地緣政治與軍事實踐	253
馬準威	新冷戰再界定與美中關係的探索	261
盧信吉	地緣政治視角下的新冷戰：誤用抑或真有其事？	271

主編序 Preface

重新檢視冷戰史的意義

蔡東杰／中興大學人文社會科學前瞻研究中心主任

壹、研究緣起

在中央研究院院士，同時也是台灣綜合大學系統主席王汎森老師的發起與帶領下，自2023年起，成功大學、中興大學、中山大學與中正大學4校的人文社會科學中心決定共同推動一個為期4年的「島鏈人文」系列計畫，並分別由各校輪流選擇主題執行1年。

此計畫所謂「島鏈」（island chain）源自美國冷戰時期區域戰略指導，在該項宏觀區域安全擘劃當中，台灣被置於「第一島鏈」（從日本與琉球群島，中接台灣，南至東印度群島婆羅洲之鏈型島嶼帶）中樞之重要戰略地位，隨著冷戰結束與全球化浪潮蔓延，一方面全球地緣結構與國家互動出現明顯變化，諸如氣候變遷等人類安全議題也為資源重新分配深化緊張情勢。由於此一系列計畫目標在於整合並推動四校之人文領域研究交流，範圍當然涵蓋面更廣，但為了反思台灣之地位與未來安全前途，中興大學在2024年策畫主導之「島嶼人文」活動中，便希望藉由重新審視冷戰與世界、亞洲乃至台灣的關係，從中思辨「島鏈」場域對於過去、現在乃至未來之影響與意涵。

貳、歷史背景

事實上，位於東亞大陸右側，由前述島鏈環境所包圍的

一片半封閉海域，由北至南羅列著若干西太平洋「緣海」（marginal sea），分別是日本海、黃海、東海和南海，雖然陸間海（mediterranean sea）性質並不明確，從某個角度視之，亦堪稱是「東亞地中海」，在過去近兩千年來，一直是周邊人類社群之間來往交通之重要管道與場域，扮演之歷史角色不容小覷。尤其近代以來，包括十六至十七世紀的大航海與地理發現、十九世紀帝國主義擴張，以及二十世紀中期的冷戰，這些由西方（歐美）主導之一連串「全球化」（globalization）浪潮，在引發某種根本性結構變遷，並將東亞融合進全球世界之餘，亦不斷為此區域國家與人們帶來無可迴避之壓力與歷史變數。

在所謂冷戰（Cold War）隨著第二次世界大戰終結接踵而至之後，依循新興霸權美國之主觀利益視角，一般所謂「島鏈」之討論前身乃華府在1950年推出之「艾奇遜防線」（Acheson Line），這是一條由阿留申群島、日本、沖繩直達菲律賓之西太平洋弧線列島防線，原先並不包括台灣與朝鮮半島在內，但在1950-53年韓戰結束後，由於美國決定將北京中共政權劃入針對蘇聯之全球性圍堵網內，前述原本只在臨時應對戰後區域格局之暫定防線，不僅終於成為美國自冷戰迄今全球布局之重要組成部分，它也將東亞在政經面向上切割成「陸地」與「海洋」兩個不同且彼此對立之場域。

從另一角度來看，由於舊西方殖民母國在歷經數十年長期軍備競賽與兩次大戰消耗後，無暇顧及其原有殖民地，對東亞民族獨立運動者而言不啻是個難得的對抗機會，其結果首先是朝鮮與

台灣在日本戰敗後的解殖民化,以及菲律賓在美國扶助下正式獨立,其次是印度在1947年脫離英國,終結了有史以來最大規模的次大陸殖民統治,再者是荷蘭在1949年放棄東印度群島主權,與法國在1954年後陸續退出中南半島,這些都象徵著歐美勢力在亞洲的暫時退卻。不過,影響島鏈歷史發展最關鍵者還是經濟面向,本地區多數新興國家雖長期處於帝國主義殖民統治下,從而使其結構充滿依賴與邊陲性特色,仍在戰後紛紛透過總體計畫與國營企業控制國家生產,並藉由將經濟策略轉為以「出口導向」為主,進一步造就了所謂「經濟奇蹟」,包括「四小龍」(台灣、香港、新加坡、南韓)和「新小龍」(泰國、印尼、馬來西亞與菲律賓)等亞洲新興經濟體(ANIES),其經濟成長率不僅比其他東亞國家高出一倍,比拉丁美洲高出兩倍,甚至比撒哈拉以南非洲高出五倍有餘,堪稱冷戰時期全球經濟增長最快速的一個地區,尤其在中國自1979年推動改革開放之後,不僅在2010年超越日本成為第二大經濟體,由於預期將於2030-50年之間超越美國,在引發後者「先制圍堵」後,也讓美中關係成為當前世界政治軸心,至於其夾縫中的「島鏈」則動見觀瞻。

值得注意的是,特別自2018年以來,隨著美中競爭成為當前國際關係當中最動見觀瞻的一對雙邊互動,關於「新冷戰」(New Cold War)之議論不僅成為熱門之學術主題,兩大強權在「島鏈」之拉鋸對抗,也成為此地區國家必須面對之充滿機會與挑戰的現實。

參、討論重點

　　為了重新觀察並釐清冷戰歷史進程，基於討論便利性，本年度活動規劃重心首先是將冷戰大致切隔成 1950 年代、1960 年代、1970 年代與 1980 年代等 4 個階段，並依據歷史事實聚焦於其「起、承、轉、結」之發展特徵，至於討論過程則期盼突出以下幾個視角：第一，相較於冷戰迄今存在之某種論述主流，亦即以西方為制高點之意識型態正邪二分法，儘管並非想刻意挑戰，仍舊希望在討論過程中浮現更多「批判」與「本土」視野；第二，同樣延伸至前述想法，是否能更積極地從「非西方角度」（non-Western perspective），由亞洲主體出發呈現出略微不同於歐美的詮釋，也是努力的方向；第三，更重要的是，無論「新冷戰」是否為真或是否存在，作為當前國際關係漩渦中心之一，世局之發展既與亞洲和台灣未來息息相關，透過釐清冷戰過往以便進行正確之類比與推論，無疑是台灣學界當務之急。

　　據此，中興大學人文社會科學前瞻研究中心在 2024 年策畫了「重構冷戰歷史圖像」系列論壇，並將會後彙整之發言稿編纂成冊；其中，政治大學名譽教授林碧炤老師的主題講稿被置於卷首「導論」，全書 5 個篇章共收錄 24 位老師貢獻的發言重點，除了作為整個系列活動之完整記錄，更期盼本書可以發揮拋磚引玉之效，鼓勵更多國內學術同仁投入建構冷戰研究學術社群的行列，讓可見的未來有機會真正出現「台灣觀點的冷戰史」，則幸甚也！

導讀 Introduction

亞洲觀點下的冷戰史

林碧炤／國立政治大學名譽教授、東吳大學文理講座教授

壹、一如既往處於危機中的世界

一、二十年危機：回顧國際關係史學

根據德國史家蘭克（Leopold von Ranke）的說法，歷史學家是真實過去的代表；英國史家卡爾（E.H. Carr）則認為歷史是過去與現在之間的對話。如同眾所周知，當時英國即將與德國開戰，儘管出版商對於是否出版《二十年危機 1919-1939 年：國際關係導論》一書仍有疑慮，但是卡爾仍堅持付梓，最後，這本書成為第二次世界大戰期間最暢銷的書籍之一。卡爾在書中提出了一個非常基本的方法論，一方面強調理想主義的弱點，同時說明其與現實主義的相關性。當《外交事務》（*Foreign Affairs*）在 2022 年慶祝創刊一百週年時，這本書更被評為國際關係領域中百大經典之一，充分可見本書在思想方面的影響力。

相較起來，唐恩（Tim Dunne）等人在冷戰結束後出版之《八十年危機》便未引起同樣的迴響。阿查亞（Amitav Acharya）和布贊（Barry Buzan）共同出版了《全球國際關係的形成：百年國際關係的起源與演進》（*The Making of Global International Relations: Origins and Evolution of IR Centenary*），也沒有選擇「百年危機」作為書名。即便如此，新冠疫情、中美競爭、氣候變遷、俄烏戰爭與加薩戰爭接踵而來，再加上朝鮮半島、台灣海峽及南海情勢趨

於緊張,都讓「國際關係百年危機」或「1919-2019 年及其後」變得如此真實直接。無論 1919 年與 2019 年,抑或 1917 年與 2023 年,在國際、區域與國內政治上的相似性確實一點都不誇張,也難怪在台灣海峽的案例中,1949-2049 年的時間框架亦被視為研究兩岸關係與印太和平秩序的類推對照。

事實上,印太地區、朝鮮半島、南海、台灣海峽等都與大國政治和冷戰緊密相關。1949 年是台灣問題的開始。無獨有偶,「百年危機」是否也意味著 1949 至 2049 年的兩岸關係史學呢?在此會先從「島鏈人文」角度來回顧冷戰史,至於兩岸關係議題則留待其他場合討論。

二、何謂冷戰?

戰爭是人類歷史上規模最大、最悠久的研究領域及國家政策重心。在現今網路時代,戰爭經常在當權者直接領導下進行,不見得是那些在馬背上或鍵盤後的人。畢竟網路安全或資訊戰爭還是傳統戰爭的延伸或變化而來,而傳統戰爭所著重的是殺戮與暴力,其最終目的是消滅敵人。

因此,鑑別威脅和對手永遠是冷戰開始的第一步。威脅的程度和性質往往因國家而異,也因時間而異。這是科學評估的一部分,而且有時候也會相當武斷和偏頗。因為隨著國家利益的轉移,敵人可能變成朋友,從而改變權力競爭的基本結構。在美蘇冷戰時期,就有幾個例子能證明此種普遍現象。

簡言之,這場冷戰非常獨特,幾乎是史無前例。許多人引用

修昔底德的《伯羅奔尼薩戰爭》或希羅多德的《歷史》來解釋這場長期強權競賽的某些部分,然而,大家也應該留意,蓋迪斯(John Gaddis)曾將這段時期描述成「長和平」(long peace),若干國際關係與安全領域理論家則重視這種「活在和平中的危險」,將其視為核武時代戰爭邊緣策略(brinkmanship)之最佳例證。他們認為,這種深層風險與危機確實有助於政策制定者維護和平,也證明嚇阻行為是有效的,至於核子戰爭乃可以也應該避免的。除此之外,冷戰同時促使學術界建構和修正國際關係、安全及政治經濟學的理論。在理論建構方面,國際法也有了一定的擴充與提升。至於對美國、蘇聯與其他大國的實務專家而言,他們則是在冷戰時期汲取了許多經驗。

三、為什麼國家會冷戰?

簡單來說,就是身處衝突中的國家並不想真的開戰或進入殺戮戰場,又覺得有必要削弱或擊敗敵人。若是其對手或競爭者的威脅越來越大,但雙方還是沒有攻擊開戰的意圖,就會出現「冷戰」現象,成為國際和人際關係一部分。儘管如此,我們面對的「冷戰」已然完全制度化,致使它在歷史上並無參照案例。簡言之,冷戰與其他武裝衝突一樣,起源於權力、利益、價值、認知與觀念等的衝突,關鍵在於當事人沒有開戰意圖,因此,冷戰不啻成為一種自然、文明和理性的選擇。在人際關係中,我們也經常使用該詞語。

對美國來說,雖然面臨蘇聯威脅,打一場核戰的代價實在太

高也太瘋狂，所以需要為此發展另一種戰略來取代傳統戰略，據此，諸如「圍堵」、「嚇阻」、「危機邊緣政策」和「大規模報復」行動等概念一一浮現，政治、經濟、文化和資訊戰亦接踵而來，甚至涵蓋體育、表演藝術和其他非政治性質的民間活動。主要目的一以貫之，就是展現西方世界的優勢，或是「美國治世」（Pax Americana）的效果。

貳、1947 至 1962 年的冷戰

一、冷戰何時開始及結束？

東西方學者對於冷戰的開始有不同看法，尤其德國、蘇聯、美國、南韓、越南等，更不用說海峽兩岸華人學者。勝利在不同的時間點以不同形式出現在殺戮戰場上。有些戰爭甚至直到今日才停火。值得一提的是，美國確實曾經為了打敗納粹而向蘇聯提供大量軍事援助。由於蘇聯在第二次世界大戰之後繼續擴大其影響範圍，加上擁有核武，美國及其盟友很難也幾乎不可能像對抗納粹那樣去對抗蘇聯。在政治關係和其他國家政策方面，跟一兩年前剛結束的戰爭相去不遠，政治領袖們非常清楚核武是不能使用的武器。邱吉爾（Winston Churchill）在 1946 年 3 月率先成為使用「冷戰」一詞的世界領袖。不過，若是回溯歷史，特別是外交和軍事史，就能發現美國及其盟友對蘇聯體制，特別是其世界革命的意識形態從來就不太放心。

納粹德國於 1945 年 5 月 8 日投降，波茨坦會議便接著在 7 月

27日召開。杜魯門、邱吉爾和史達林都同意日本必須無條件投降，關鍵問題則是重建世界秩序的方式。幸運的是，早在歐洲戰爭結束之前，美國和英國已經討論過所有這些問題，只是無法確定蘇聯的意圖。在倫敦和華府當局主要決策者的理想中，目標是一個改良版的國際聯盟，再加上一兩個國際經濟和金融組織。中國跟美英的關係曾十分親近，且蔣介石也出席1943年11月23-27日的開羅會議；儘管他沒有出席波茨坦會議，會後聯合聲明仍舊以他的名字代表中國。蔣介石在1945年2月4-11日憤怒表示不願接受雅爾達會議的條件，但堅信相對於毛澤東，美國和英國會繼續支持他及其中國政府。當時中國內部確實存在著冷戰，而史達林和毛澤東之間的關係則是大力支撐中國共產黨的助力。美國曾試圖調停國共內戰，但失敗了。這些外交努力都有其詳細記錄及解釋。美國很真誠地想解開國共死結，然而這個問題遠比想像還要複雜，並非簡單成立一個聯合政府就能解決。史達林和共產國際（Communist International）在許多國家都有不同的政治目標，其活動和政策議程大大影響了美國的國家利益，更重要的是影響了國際秩序的恢復，因此有些學者認為，冷戰實際上早在1907年就開始了。

總而言之，根據多數意見，冷戰是在1947年3月12日杜魯門宣佈「杜魯門主義」時開始的。「馬歇爾計畫」在1948年4月3日簽署通過，北約則在1949年4月4日簽署成立。中華民國政府在1949年12月7日遷往台灣，美國繼續承認中華民國，蘇聯則承認1949年10月1日新成立的中華人民共和國。美國確實曾

經希望與共產黨接觸，然後再與中華人民共和國建立交流關係，不過，美國與北京新政權之間實在有太多複雜之處。多數西方決策者對中國的驟然變化感到困惑，甚至不知所措，直到毛澤東清楚表示將傾向莫斯科當局，才給西方世界敲響警鐘，至此，西發利亞主權體系下的兩極世界終究成形。這是一場幾乎影響了國際關係各個層面的冷戰，但美蘇兩國之間的軍事力量仍然是形成嚇阻態勢的主要部分，而不是實際的戰爭。1949年8月29日，蘇聯正式晉身核武大國，更使其威脅變得真實及有害。

至於美蘇冷戰的起始點，倒是任憑研究者自行認定。有些人甚至將起點訂在1917年或更早之前，亦即1917-62年或1947-62年乃是第一個時期，接著則是1962-76年以及1976-91年。儘管學者們總會提出不同的觀點與評估，尤其在國際關係、政治經濟與安全方面，事實是，冷戰在亞太地區結束得更晚，甚至到本文寫作為止還在持續中。

二、誰促成了冷戰？

沃爾茲（Kenneth Waltz）所提出「人、國家與戰爭」（man, the state and war）的概念架構，一直是政策界分析冷戰的熱門理論；政策及其制定者在國際關係與安全方面始終是重要元素，尤其是在關鍵決策時刻。兩個超級大國的領導人自然是研究的焦點，菁英、軍工複合體、智庫、說客和媒體也都參與其中，至於科學家和那些超國界倡議者或政策知識份子同樣涉足一二，例如，1957年的布格瓦科學與世界事務會議（Pugwash Conference on Science and

World Affairs）與 1955 年至 1970 年的中美大使級會議，或稱華沙會議（Warsaw Conference），亦很值得我們觀察與研究。

三、「美國治世」發揮作用且持續有效

個人認為卡爾的蘇聯史著作，以及湯恩比（Arnold Toynbee）編輯並由英國皇家國際事務研究所（Chatham House）出版的國際關係概覽等，都是十分有用的參考工具，兩者與國際關係史息息相關，且大家對其中的冷戰史深感興趣。同樣地，外交關係委員會及其主要刊物《外交事務》（Foreign Affairs）也提供研究此一主題的可靠資訊，在此，無需詳述肯楠（George Kennan）的出色研究，他根據所謂〈長電報〉（The long telegram）改寫的〈蘇聯行為根源〉一文，清楚解釋了居處世界領導者的美國如何因應當下局勢。至於美國國務院陸續解密的外交政策檔案，也對我們的研究有很大的幫助。

有趣的是，美國國安顧問蘇利文（Jake Sullivan）在 2023 年《外交事務》第 102 卷第 6 期發表題為〈美國力量的來源〉一文指出，圍堵戰略充分展現在 1948 年 4 月 3 日的「馬歇爾計畫」以及後續的北約組織中，充分傳達「美國治世」能夠也應該在適當時機發揮作用。除此之外，歐洲在 1951 年簽署《巴黎條約》並在 1952 年成立歐洲煤鋼共同體（ECSC）。為了實行馬歇爾計畫，歐洲經濟合作組織（Organization for European Economic Cooperation, OEEC）隨後成立，以利分配資金，更在 1961 年改為「經濟合作與發展組織」（OECD）並運作至今。這些都是肯楠思維的自然

延伸。

同時必須提及國際貨幣基金（IMF）、世界銀行、關稅貿易總協定（後來轉為今日的世界貿易組織）等金融機構，對於「美國治世」在經濟合作及提高當時自由國家之間共同利益的支持。最後，共產集團未能擴大其勢力範圍，而是被圍堵至中國大陸沿海附近。法國在 1954 年 3 月 13 日至 5 月 7 日的奠邊府戰役（Dien Bien Phu Battle）失利後，越南便如同朝鮮半島一樣，分裂成南北越。至於亞太其他地區，美國和西方列強繼續維持二戰後的大致秩序，以防止國際和區域權力平衡遭受破壞。

四、冷戰時期國際體系具有什麼意涵？

1951 年 9 月 8 日簽署的《舊金山和約》和《美日安保條約》，形成了一個共同防衛體系，以維護亞太地區的秩序與安全。國防知識社群通常稱之為「舊金山安全體系」。最初，美國確實想過在亞太區域建立一個北約組織的翻版，但它在此受到的威脅以及對聯盟的需求顯然與在歐洲不同。因此，美國決定結合雙邊與多邊的聯盟體系，以共同目的來實現圍堵目標，此即國家安全會議《第 68 號文件》（NSC-68）提出的政策指導方針。

在舊金山會議之前，美國與菲律賓在 1951 年 8 月 30 日簽署了《美菲安全條約》（U.S.-Philippine Security Treaty），同年 9 月 1 日，美國與澳洲、紐西蘭簽署了《美澳紐防衛條約》（ANZUS），1953 年 10 月 1 日美國與南韓簽訂《共同防衛條約》，1954 年 12 月 3 日與中華民國簽訂《共同防衛條約》，同時在 1954 年 9 月 8

日成立「東南亞條約組織」（SEATO）。

五、舊金山體系是否構成集體安全或防衛體系？

儘管相關決策者和政策知識份子都有意願，亞太地區的軍事聯盟體系並不能與存在於歐洲的組織體系相提並論，例如，SEATO最終還是解散了。然而，集體防衛的精神始終存在於亞太區域。值得注意的是，即使中國也與蘇聯簽署了《友好同盟條約》，蘇聯在共產集團內部建立起另一套政治、經濟和軍事體系，充分顯示西方與東方的對立，意識形態的分界線可說是清晰又直接。

在民主自由陣營中，逐漸形成一種相互依存意識。美國、西歐和日本成為杜意契（Karl Deutsch）所描述的安全共同體（security communities）之一。東南亞和東北亞被描述為某種區域或次區域體制，透過和平手段解決衝突還未能成為普遍共識。對於這個簡單的現實，主要大國傾向結合外交與嚇阻手段來維持秩序並防止戰爭發生。然而，像烏克蘭戰爭和加薩戰爭這樣的突襲則是另一回事。儘管即使是北約組織也無法保證美國、西歐和日本成為永久的安全共同體，但其嚇阻和對抗入侵的意圖與能力仍無庸置疑。國際體系本質上是一個相互對抗的兩極結構，其過程延續了國際法的一般外交慣例。兩個超級強國與其他核心經濟、半邊陲經濟、邊陲國家或中小國家一起充當世界的領導者。中華民國在冷戰的第一時期，即1947-62年間，仍然獲得美國和其他主要大國的外交承認，只有英國和蘇聯除外。法國則於1964年承

認中華民國。對於台灣的安全而言,共同防衛條約及美國的軍事援助與支持,比東南亞條約組織更為有效,畢竟後者還是西方集體對抗共產主義擴張的象徵。在骨牌理論逐漸影響下,美國增加了對東南亞國家的軍事支持,最終導致了美國不得不參與越南戰爭的結果。

六、如何解釋韓戰?

在國際關係中,戰爭是不可避免的現象,而將戰爭分為幾個類別乃國際慣例或標準作業程序(SOP)。在亞太、東亞或印太區域,以韓戰作為出發點進行戰略研究是非常普遍的做法。在這個世界上,幾乎沒有戰略學者不知道韓戰或半島核子危機。有趣的是,韓戰與冷戰和台灣的關係相當密切。韓戰是否實際上拯救台灣免於被中華人民共和國接管的命運?就國際關係史而言,這是個大哉問,目前仍有幾個灰色地帶或遺漏的環節等待研究。在俄烏戰爭、加薩戰爭及紅海危機之後,戰略界更是有充分理由密切觀察著朝鮮半島的局勢。

歷史學成為我們思考北韓可能對南韓、日本及美國採取何種軍事行動的參考指標。儘管選項不多,這個決定需要經過非常慎重的考慮,因為一旦發生,就會是個升級版的冷戰,美國、日本連同其盟友可能做出的反應必然極為直接。台灣的歷史學家曾經討論過台灣在 1950 年 6 月 25 日爆發的韓戰當中,一度嘗試做些什麼,相關分析很自然連結至中國大陸的內戰。中華民國提出的多數倡議都未被美國及其盟國接受。不過,這些傑出研究確實有

助於我們瞭解戰爭的起源、過程和結果,從而至少建立起偶然的關係。

韓戰考驗了新建立集體安全體系的韌性與有效性。事實上,「美國治世」在聯合國集體安全體系的外衣下,透過1953年7月27日的停火協議結束戰爭。在美國及其盟友的領導下,以北約為代表的集體防衛體系,以及多邊和雙邊聯盟體系都證明是有效的,而且相當制度化。北約是國際關係史上第一個設計完善且結構精巧的聯盟體系,它取代聯合國,在阻止侵略並維護大西洋及相關區域安全和秩序的角色。然而,美國依舊堅持在朝鮮半島駐軍,以展示其保衛盟友及朝鮮半島與東北亞區域現狀的戰略意志。

七、如何看待台灣海峽危機?

類似危機處理模式也出現在台灣海峽。中華民國並未出席舊金山會議,但於1952年4月28日與日本簽訂《和平條約》,並與美國簽訂前述的《共同防衛條約》。1954和1958年的海峽危機是在美國和中華民國共同合作下處理的。一言以蔽之,「美國治世」充分有效地發揮了功能。當時,圍堵戰略仍然有效,並得到中華民國和美國在亞太區域其他盟友的全力支持。那是個國際關係危機不斷的時代。正如麥納馬拉(Robert McNamara)曾說:「在這個核子時代,我們沒有戰爭,只有危機。」美國和中華民國一起處理了這兩次危機,並成功維持現狀,這也適用於歐洲和世界其他區域。聯合國旨在成為新的集體安全組織,組成

自有軍隊和指揮系統,但最終未能實現,不過,其預防性外交或維和功能逐漸成形,使其得以維持世界秩序或現狀,這是國際關係理論家和實務專家廣泛認同的歷史遺產。當時,中華民國的存在,在台灣和亞太區域都得到了保障,這不僅是「美國治世」與冷戰秩序真實存在的證明,無論西歐地區的和平,乃至於後者得以陸續推動共同市場、歐洲共同體和歐洲聯盟,若沒有「美國治世」,根本就不可能實現。相對地,共產集團在蘇聯領導下,確實在一段相當有限的時間內也表現得不錯,此即所謂「史普尼克時刻」(Sputnik Moment),但經濟互助理事會(Council for Mutual Economic Assistance, Comecon)運作未臻理想,之後更於 1991 年 6 月 28 日宣布解散。

八、為什麼古巴飛彈危機案例如此實用?

古巴飛彈危機很可能是國際關係與冷戰危機管理教學與研究中,最受歡迎的案例。艾利森(Graham Allison)在《決策的本質》書中,提供了三種模式來詳細解釋甘迺迪政府處理此次特殊事件的方式。理性模式是國家領導人處理危機時最常使用的模式,官僚模式確實有趣且資訊充分,但並非每個國家都能像美國一樣提供學者這麼多資訊,至於組織模式很實用,特別是對於那些有興趣了解決策過程的人而言。除了分析方法之外,該案例也象徵美蘇關係的轉捩點。為了避免核戰發生,低盪(Détente)或和解成為政策選項。蘇聯帶著升級海軍實力的決心回國,中國共產黨也汲取了教訓,「美國治世」的威力在此案例中表露無遺。甘迺迪

總統及其團隊在防止戰爭方面表現可圈可點。若是要完全理解冷戰，不研究該案例是不行的。該事件確實導致了之後美蘇升級其軍備競賽，以及其為了實現軍備控制所進行的共同努力。

參、1962 至 1976 年的冷戰

一、大規模報復戰略為何轉變？

古巴飛彈危機和美國當時的軍事優勢是一把雙面刃，既能震懾對手，迫使他們撤退，另一方面也可能產生反效果。戰略界根本不知道最終可能的結果。倘若發生核戰，將不會有所謂無條件投降，因為只剩下文明終結。因此，戰略發展趨向靈活運用，亦即結合常規武器與核武來因應未來的危機。除此之外，隨著美蘇領袖外交、中蘇分裂、中美關係正常化和越戰擴大，整個裁軍和軍備控制的進程也跟著加快了腳步。

二、「日本第一」是否為經濟冷戰的產出結果？

傅高義（Ezra Vogel）嘗試透過《日本第一》一書來解釋日本發展的特殊之處，詹鶘（Chalmers Johnson）的《通產省與日本奇蹟》則開啟了另一個學術探討層面。在政策方面，日本以正確理性的轉型迎合了區域及國際關係的現實，與當時中國、韓國乃至亞太區域各國都不相同。日本選擇提升其科技優勢，並專注於經濟國策。在戰略方面，日本是舊金山體系及亞太地區「美國治世」

的關鍵。至於澳洲的角色也不容忽視,例如近期形成的「澳英美同盟」(AUKUS)並不足為奇。歷史再次提供了有用的知識,讓我們了解美國與澳洲之間的悠久傳統。日本則選擇繼續致力於經濟與科技現代化,試圖重奪並佔據亞太地區重心。

對於如何解釋何以「亞洲版共同市場」或「亞洲共同體」未曾實現,學術界已經花了許多筆墨。好幾位政策知識份子和退休政治家都曾嘗試過,終究無功而返。由於政治、社會和經濟結構差異太大,我們不該想當然爾認為在歐美可行的制度就能移植到世界其他地方。日本選擇保護其國家利益和安全,並透過政治與經濟分離政策來維持與中國的關係。亞洲共同市場非但是美國和日本無法達成的目標,亞太國家對此一龐大計畫也有不同看法,相對地,即便此類計畫在歐洲發展不錯,英國對此也有不同看法。「雁行模式」(flying-geese model)符合日本當時統治菁英和專業人士的想法,也符合美國的利益。

簡而言之,冷戰為日本提供了一個穩定和平的環境,讓日本得以在其精心設計的經濟發展道路上安穩向前,並追求其競爭力與卓越表現。實際的推動來源還是其科技優勢、良好治理以及創新性的企業家精神。

三、台灣和南韓的奇蹟又如何?

台灣與南韓的經濟發展與日本一樣,都遵循重商主義與資本主義道路,但規模與範圍明顯不同。尤其台灣,一開始先推行土地改革計畫,再實施出口導向產業經濟政策。以過去日本殖民經

濟結構與當地人力資源結合為基礎,加上因大陸內戰隨中華民國政府移遷到台灣的大量專業人士,以及美國即時援助,促成了台灣的經濟起飛。南韓則受惠於美國援助、發展型國家經濟策略模式,以及人稱「財閥」之大企業的帶領。台灣和南韓的經濟奇蹟贏得「新興工業經濟體」(NICs/NIEs)美譽,並與香港和新加坡合稱「亞洲四小龍」。雁行模式或島鏈模式的經濟分工模式,在其他國家既有採用,也有修正,但自由經濟精神、市場機制以及由政府主導的產業政策乃是一致特徵。在此,我們有相當理由來提出合理質疑,要是沒有冷戰,這些經濟奇蹟很可能都不會發生,也無法解釋這些年來中華民國在政治上的台灣化,以及華南地區在經濟上的台灣化,更遑論新興工業國家的社會變遷與典範轉移。

四、外交或軟實力有用嗎?

外交與戰爭是一體兩面。中華民國自1949年以來,就必須努力捍衛其國際地位。台灣問題的本質即是外交與戰爭。這塊島嶼為了留在聯合國而奮鬥,早在1964年便差點失敗,只不過時逢中國大陸爆發文化大革命,才得以保留其聯合國席位直到1971年。

「美國治世」展現之外交影響力,讓人聯想到「羅馬治世」(Pax Romana)和「不列顛治世」(Pax Britannica)。1955年8月1日至1970年2月20日,美國與中華人民共和國共進行了136次中美大使級會談。「一個中國」原則變得越來越堅定和核心化,和平解決台灣海峽衝突也一再重複,這些都為中美關係正常化奠

定了基礎。

中華民國在 1960 年進入非洲，適逢英國和法國遭遇去殖民化（decolonize）挑戰，正如麥克米倫（Harold Macmillan）所言：「變革之風已吹遍非洲」，這是台灣連結至東南亞及拉丁美洲的延伸。同樣地，在西方整體冷戰倡議之下，台灣被稱為「先鋒計畫」的農業援助計畫，結果相當成功。儘管蘇聯與中華人民共和國更早就進入非洲與其他發展中國家區域，並嘗試提出其援助計畫，但台灣本身就是美國成功的經濟援助個案之一，美國和日本在印度和東南亞實施的援助計畫亦呈現出更積極的結果。其結果是，在 1947-62 年的冷戰第一階段當中，中華民國在冷戰及「美國治世」的架構下，成功維持了其國際地位，儘管在島內依舊採取一黨專政的制度。在國際上，中華民國聲稱代表全中國，美國在軍事與財政上的援助對於維持其生存扮演了重要角色。然而，中華民國（法理領土）與台灣（管轄領土）如何融合逐漸成為挑戰，中華民國越來越難聲稱代表中國，因此，一方面美國及其盟友開始尋求解決辦法，台灣內部輿論也開始轉變。

五、為什麼發展中國家變得如此重要？

聯合國和其他組織中的國家數量不斷增加，為美國及其盟友帶來了一個新的問題。在此之前，西方簡單透過設定議程便控制了幾乎所有國際組織。然而，隨著新興國家加入，蘇聯及其盟友有了新的支持者，並改變了投票權分配，因為「一國一票」原則從過去到現在都仍然是基本規則。新興國家或發展中國家甚至組

成並推動了所謂「不結盟運動」。

蘇聯、中國及其東歐盟友迅速作出反應，美國及其盟友亦然。兩方都犯了錯誤，也都有成功之處。英國和法國在越南、蘇伊士運河、阿爾及利亞和其他地方遭遇挫敗。古巴飛彈危機和越戰是我們熟悉的另外兩個案例，其影響力之大無庸置疑，這兩次危機都迫使美國重新考慮其對華政策、美蘇關係，以及不斷變化的國際政治經濟。1975年西貢政權的倒台，更象徵了冷戰第二階段的結束；對「美國治世」來說，它既是個失敗與嚴重打擊，也是自我反省及政策調整的開始。中蘇分裂讓國際關係出現了新的發展。事實上，美國很早就開啟了中美關係正常化進程，只是由於國際和國內複雜因素而被拖延。最後，美國和中國在1978年底完成了此事，這對中華民國無疑是一個沉重打擊；冷戰仍然存在，對中華民國來說，卻再也無所助益。

平心而論，當時中華民國已盡力而為，包括蔣經國總統提出在中（共）美關係正常化之後持續中（華民國）美建交的建議。美國曾表示有意撤回其對中華民國的承認，並在1979年之後維持這項政策。當時，日本已承認中華人民共和國長達8年，這兩個大國以類似的技術方式重新調整與台灣的關係，但在法律條款上有所不同。《台灣關係法》（Taiwan Relations Act, TRA）也隨之正式制定，以利規範並指導這件美國外交史上相當特殊的案例。

六、美國為何要改變對華政策？

關於這個大哉問的簡單答案，便是國家利益和安全。正如尼

茲（Paul Nitz）在國家安全會議《第68號文件》報告中解釋，蘇聯確實且直接地威脅著美國的價值、制度和生活方式。美國決心要打敗蘇聯和共產主義體系。歷史也顯示，美國在此之前曾嘗試過和平共處的政策，並建立一套行為準則，以進行軍備控制談判，希望能規範並減緩兩個超級大國之間的軍備競賽。整個軍備控制的過程是如此微妙和複雜，不可能以一篇文章來解釋清楚。我們必須先對裁軍和軍備控制進行基本區分，前者僅試著減少或終止生產軍備，後者則是從長遠和正面角度來管理軍備。軍備控制之根本目的在於控制軍備的生產和部署，以維持權力平衡和秩序。某些種類的軍備需要減少或限制，有些則允許存在，以維持國家之間的權力平衡。

在1962-76年以及1976-91年兩個冷戰階段當中，美蘇雙方在實施一系列雙方都能接受的軍備控制中，其關係也反映了各自的焦點及著力點。這是大國外交的關鍵要素，而非中小國外交的關鍵要素，畢竟對後者來說，試圖與對手國家進行軍備控制談判，不啻是太過奢侈或天真的想法。對當時的美國而言，對發展中國家的主要政策目的便是促進經濟發展，防止骨牌效應在亞洲成為現實。由於蘇聯在東南亞不遺餘力擴張影響，利用中蘇分裂契機，美國便打出「中國牌」，以便讓「美國治世」繼續扮演其全球角色，同時處理越戰這項異常艱鉅，且在其國內極具爭議與分裂性的外交政策議題。鑑於蘇聯在1969年幾乎與中華人民共和國處於衝突邊緣，美國以此認定，當下就是其與中華人民共和國推動關係正常化的適當時機。

七、中華民國如何反應？

對中華民國而言，政治風向的轉變亦吹到了外交上。尼克森總統是史上第一位出訪中國的美國總統，加上中華民國退出聯合國，以及日本不再承認中華民國並成立「交流協會」處理雙方關係。中華民國在這段時期的國際關係與對外政策引來許多歷史與政治學家進行研究，以填補相關知識空白。

實際上，中華民國持續以正常國家自居並進行外交工作。一如既往接受美國的軍事援助，也延續其扮演亞太集體防衛體系成員的角色。當美國開始與中華人民共和國展開正常化談判時，台灣便意識到《共同防衛條約》即將終止。美國並未與中華人民共和國進行軍備管控談判，但在否認中華民國的國家地位後，便表示將繼續出售防禦性武器給台灣。中美談判在1978年底完成，中華民國國際地位隨即遭到否定，從而結束了一段中華民國政治史上最重要的外交關係。台灣政府、社會與民眾如何因應此一歷史變遷，並作出適當的調適，學術界已有相當的論述，但國際關係史學或許還要進行更多、更深入的探討。

肆、1976至1991年的冷戰

一、冷戰如何導致蘇聯的瓦解？

越南完成統一之後，所謂骨牌理論仍有待考驗，儘管最終並未在東南亞區域出現，戰爭本身已成為美國外交政策的苦難回

憶，被稱為「越南症候群」（Vietnam Syndrome）。事實上，這對美國在亞太地區的領導地位無疑是個沉重打擊。此刻政策界幾乎無法預測 15 年後蘇聯的瓦解和冷戰的結束。

戰略知識分子的共同觀點集中在蘇聯體制的弱點上，即極權主義、惰性、腐敗和持續的權力鬥爭。有些人更進一步比較了蘇聯與中共的體制。莫斯科當局採取的是由上而下的方式，北京則顛覆了該過程。鄧小平及中共領導階層讓私部門與農民從改革與開放計畫中獲益，以擴大民意基礎，但顯然忽略了知識份子的反應，後者要求更多的自由與多元化，最後導致 1989 年的「六四事件」。然而，蘇聯與東歐解體的衝擊以及柏林圍牆倒塌，都向列寧主義體系與權貴階級發出了嚴厲警告，他們需要開放並追求不同的道路。蘇聯失去了競爭力，因為這個體系無法應付在這個龐大國家內外，或是帝國本身所面臨的龐大挑戰。這個問題非常複雜，還有許多灰色地帶需要更多的證據與研究，才能建立其所需的因果關係。把蘇聯的失敗完全歸咎於「開放」（Glasnost）和「改造」（Perestroika）政策可能不完全正確。蘇俄和整個共產集團國家確實進行了多年自我反省，卻一直沒有得出結論。不過，國際關係知識界幾乎一致認為，美國面對前蘇聯所採取的低盪政策運作得相當好。

二、解密文件是否提升了國際關係史學？

莫斯科、北京和華盛頓當局的解密文件對於韓戰和越戰的研究大有幫助，因為其中有幾個缺失環節得以用確切的證據重新建

構。歷史學家和戰略學家現在就能大致理解，為何蘇聯承諾向中國提供空中掩護，後來卻沒有如約實現。越戰是如此複雜，因為涉及層面不只有國際政治，還有美國國內政治。這些都是解密文件得以協助釐清之處。至於古巴飛彈危機的結果所以成功，是因為從西方觀點來詮釋。這次危機的影響使我們得以重新評估，以利相關研究，並防止後續的危機發生，這也是危機預防（crisis prevention）現今如此盛行的原因。研究能量提升讓我們確信世界比以前更加安全，對此，歷史學應用顯然扮演了正面角色。即使是非傳統安全領域，例如自然災害、人口與毒品販運、環境保護、氣候變遷和永續性發展等，也都進入了危機預防的新範疇之中。

安全研究領域很自然擁有新的動力。「民主和平論」率先出現，政策界也逐漸意識到民主安全先於民主和平。由於聯合國率先推廣相關想法及議程，人類發展和人類安全也在某種程度上帶來了典範轉移，不過，要讓眾多發展中國家真正達到共同發展標準，還有很長一段路要走。

三、冷戰結束後，亞太地區如何反應？

美國自然樂見蘇聯解體、冷戰結束，並藉此獲取和平紅利。不過，亞太地區的反應則憂喜參半。日本、南韓和中華民國傾向慶祝民主陣營和「美國治世」的成功，並認為歷史再次證明自由、民主和法治獲得勝利，即使代價遠遠超乎其想像和計算。欣喜難以分辨，因為要描述其後果，讓大眾知道可能的影響，並不容易。基本上，冷戰本身就是一個非常專業的研究領域，畢竟長

久以來，外交與國防政策都適用保密原則，直到媒體和學術界突然開啟這個神秘盒子，他們真的不知道該如何回應或預測其對社會的影響。簡言之，這與第二次世界大戰或韓戰結束時的情況完全不同。

更重要的是，北韓會接受冷戰結束嗎？在其詮釋和意識形態中，冷戰仍持續進行中，就像其官方宣傳向外界展現的一樣。該政權隨時準備好對南韓展開一場熱戰或真正的戰爭，這已經影響了美日乃至整個西太平洋地區的安全，更不用說俄羅斯和中國。東協國家當然亦樂見這個歷史時刻到來，因為他們也是和平紅利受惠者，並希望增加其與歐盟、東歐和中歐的貿易及其他互動。東協成立於1967年，其後不斷成長擴大。至於亞歐會議（AESM）於1996年在曼谷啟動，1998年換至倫敦，2000年回到首爾，2002年移師哥本哈根，有意思的是，2004年會議前進河內，2006年則在赫爾辛基舉行，由此清楚表示，冷戰結束之和平紅利並不僅讓東協國家受惠，眾多國家都對冷戰結束作出了積極正面的回應。

四、中國如何反應？

中國發起改革開放以修正文化大革命的錯誤，這項歷史性舉措正好發生在中美關係正常化完成的時刻。基本上，這是對先前社會主義方案的逐步修正，結果則是部分民營企業的回歸。即使有這樣的對照調整，經濟的驅動力還是將社會推得更遠。制度化的改革計畫，包括引進外資、農業部門私有化、國企改革，以及在沿海地區建立經濟特區，都讓地方省級領導急著尋找資金，並採

取更多措施以提高競爭力;這也產生了副作用,例如貪污、社會價值模糊化,以及城鄉或沿海與內陸區域之間的差距等。根本上說,改革淡化了社會主義精神和原則,淡化了政權的指導思想,也淡化了1949年的革命目標。不過,鄧小平還是在1992年站出來發聲,堅持持續改革開放政策的路線。之後隨著中國經濟發展,以及「休克療法」(shock therapy)在俄羅斯和部分東歐國家的失敗,更印證了中國當時的做法是正確的,從而奠定了中國今日崛起的基礎。

五、冷戰結束是否鞏固了「美國治世」?

即使北約和舊金山體系仍然運作良好,單極體系仍浮現於國際和區域安全架構中。北約向東擴張引發俄國的憂慮,但這個分裂的帝國反應過於疲軟,結果反而在西方造成了深刻的誤解和誤判,他們認為不僅這是歷史的終結,也是俄國軍事力量的終結。事實上,俄國為了保持其軍事實力完整性,確實付出相當特殊且深思熟慮的努力。最初,美國希望為後冷戰時代建立新的國際秩序,畢竟歐洲的前輩們在歷史上曾經做到這點,且歐洲及其他國家也很期待能快速出現一個新的國際秩序或安全架構。之前的「東西」和「南北」之間的結構及功能都需要重新制定。這項議程相當漫長、艱鉅且困難。最後,北約(NATO)持續東擴,赫爾辛基進程(Helsinki Process)接踵而來,目的在強化後冷戰時期的民防或民眾安全。美國的確還是世界上唯一的超級大國。戰略和國際關係界對於俄國全球事務角色的研究興趣隨之急劇下降。老實

說，這也造成了最近出現低估或高估俄國對烏克蘭企圖的結果。

六、冷戰真的在亞太地區結束了嗎？

獨立國協（CIS）的成立、華沙公約組織解散，以及前蘇聯軍隊撤出東歐各國及巴爾幹地區等，都是冷戰結束的明顯跡象。然而，對立和不信任感的氛圍依舊，並存在了很長一段時間。這種心理背景肇因自休克療法或市場經濟在該地區的失敗。諷刺的是，之後有很長的一段時間，那裡的人們仍然對社會主義抱有緬懷之情。而改名為《後共產主義問題》（the Problems of Post-Communism）的期刊，則是把該現象解釋得很清楚了。

在現實政治中，蘇聯權力與利益從世界許多地方的撤出，造成了權力真空與混亂。由於政治權力崩潰得太快，以致來不及出現新的權力平衡，或是穩定的權力轉移。在巴爾幹、中亞、中東和非洲，我們可以找到太多俄國不想重蹈前蘇聯覆轍的例子。然而在某些情況下，俄國在外交上引進了新概念和做法。

七、台灣如何反應？

台灣在1987年根據蔣經國總統的決定，開始向中國大陸採取開放政策。此舉純粹基於人道理由，以便允許跟隨中華民國政府搬遷來台的退伍軍人，得以基於探親或其他私人目的造訪中國大陸。隨之而來的則是旅遊、投資、貿易及相關專業的交流往來。其後，李登輝總統走上了民主化和制度化的道路，台灣繼續留在民主陣營中，並以務實外交方式進行國際交流。

伍、1991 至 2024 年的後冷戰時期

一、八十年危機：國際關係史學之再回顧

唐恩及其同事在 1999 年共同撰寫了《八十年危機》一書以評估後冷戰時期國際關係，焦點放在蘇聯和共產主義解體後，世界如何重塑其秩序。福山（Francis Fukuyama）的《歷史終結與最後一人》和杭亭頓（Samuel Huntington）的《文明衝突與世界秩序的重建》也引導了我們討論相關議題。就方法論而言，國際關係學科正面臨新的危機，《八十年危機》一書確實可與卡爾的《二十年危機》相提並論。無論《國際組織》（International Organization）刊登的文章，抑或由卡贊斯坦（Peter Katzenstein）、基歐漢（Robert Keohane）和克雷斯納（Stephen Krasner）共同編撰的《世界政治研究之探索與爭議》一書，均大受歡迎並被大學院校廣泛使用。除此之外，知識界亦重新聚焦全球化和全球主義議題。

赫爾德（David Held）、麥克格魯（Anthony McGrew）和培瑞頓（Jonathan Perraton）共同撰寫的《全球轉型：政治、經濟與文化》進一步推廣了自由世界秩序與相互依存概念。集體安全、全球和平議程、自由貿易協定和區域整合幾充斥於學術研究圈，見證了自由主義一段鼎盛時期。然而，傑克森（Patrick Thaddeus Jackson）的《國際關係探析：科學哲學及其對世界政治研究的影響》依然無法解開自 1989 年以來，國際關係史學在方法論上遇到的挑戰死結。

二、「百年危機」對我們的意義何在？

本來預期全球國際關係學者與專業人士會在 2019 年齊聚一堂，慶祝對於學科、集體安全、自由世界秩序以及冷戰結束的百年紀念。由於 911 事件、2008 年金融風暴、氣候變遷、伊拉克與阿富汗戰爭，加上中國崛起、俄國霸權回歸、伊斯蘭世界變革，以及人工智能（AI）與元宇宙（Metaverse）的到來，後冷戰世界確實弄擰了自由世界秩序，學科本身也仍處於危機。阿查亞和布贊在《全球國際關係的形成：百年來國際關係的起源與演變》書中，便對此有出色解釋。

2022 年 2 月 24 日俄國入侵烏克蘭、哈瑪斯從加薩襲擊以色列，以及朝鮮半島、台灣海峽和南海區域日益緊張的局勢，都印證了這一切，也提醒我們國際關係史學的存在。以此類推，「1949-2049 年」時間框架是否會跟「1919-2019 年及其後一百年危機」不謀而合？若是如此，「百年危機」對於兩岸關係史學又有何意義？或許 2024 年 11 月 3 日美國總統大選結果將提供某種線索。不過，我們總是有一面後視鏡，可以回顧任何事件的即時過去。無論如何，若是海峽對岸也接受 2049 年為最後限期，則台灣學界及實務專家大概還有 25 年的時間來預防或處理危機。

三、現今國家之間有新冷戰嗎？

西方的國際社會喜歡談論冷戰，因為自由主義思想、現實主義權力平衡以及無止盡的危機，最終都以對西方有利形式結束了

冷戰。正如福山所言，這是一種榮耀，也是歷史的終結。中國已成為有能力挑戰美國和「美國治世」的經濟與軍事大國。在其他國家之間，則有不同形式的競爭。

政策界把中美競爭及美國針對中國可能擴張進行的軍事部署稱為新冷戰。然而，迄今並沒有與國家安全會議《第68號文件》相對應的政策建議，美國也沒有像處理蘇聯的威脅那樣去處理中國的威脅。在美國眼中，中國只是21世紀一項嚴峻的地緣政治考驗，而非威脅美國國家利益和安全，尤其是其生活方式的敵人，就像當時的蘇聯一樣。中美競爭確實存在，兩個超級大國仍然在尋找著解決方案。兩者官方立場都聲稱不存在新冷戰，只是以冷戰思維來處理彼此關係。在世界上其他地方也確實存在著其他形式的緊張或競爭。國際關係專家也將它們納入新冷戰的範疇。

在1947-91年冷戰時期，軍事是主要競爭領域，內涵包括武裝衝突、代理人戰爭、危機和其他形式的國際衝突等，不見殺戮反倒相當常見。現今，即便政策界聚焦經濟、文化及民眾之間的冷戰，然而軍事優勢仍是關鍵所在。儘管軍備控制談判及其條約持續進行中，美國還是特別努力保持其在先進科技方面的領先地位。此外，意識形態的分界線、同盟體系、貿易和金融集團及影響範圍，都有清楚的標記和界定。

然而，昨是今非。現在中國幾乎在所有的國家政策領域都與美國競爭，包括基本物資和社會生活。借用《孫子兵法》的概念，可稱之「必以全爭於天下」，但不一定要互相開戰。若是觀察兩個超級大國的發展，可看到他們在教育、工業、通訊、交通、科

技及公共衛生等領域的全面改革。其中，有些看似僅為了滿足本地需求，還是具有明確背後驅動力，亦即為了提升國家競爭力，每個國家也都毫不諱言其遠大的目標，那就是保持領先和卓越。1947-91 年的冷戰是漫長又充滿各種挑戰的。美國與蘇聯的互動，特別是對軍備控制、行為準則、相互制約、各種避免相互確保毀滅（MAD）的努力，以及最重要的是，其微妙又複雜的外交，正如季辛吉、蓋迪斯和艾利森向大家展現一般，其結果帶領世界安全走出了第三次世界大戰。國際關係史學有許多值得與我們分享的地方，而我當然希望國際關係與兩岸關係都能從中學習。

四、中美競爭會為國際社會帶來長期的和平嗎？

政策界仍在爭論該項競爭本身，以及兩個超級大國是否真的進入新冷戰等議題。相較 G7 國家經濟影響力已經下降，新興經濟體、金磚集團與 G20 國家的競爭力卻有所提升；例如，2023 年中俄貿易便已超過 2000 億美元。就算如此，緩和與美國及其盟友的關係依舊符合中國利益。科技、安全與社會的結合不僅是社會科學的新領域，更是純粹的國家利益。專家們都很清楚，烏克蘭戰爭除了推高日益增加的中俄貿易，印度與俄國的貿易也呈現相同的模式。

中國有充分的理由解決與美國及其盟友的貿易和其他糾紛。同樣地，美國及其盟友也在盡力調整其對中國的態度。本來，大家都希望會有個後 COVID-19 新秩序，但這場大流行以非常不尋常的方式結束，讓人不得不懷疑新常態是否真的結束了。後烏克

蘭和後加薩的安全架構將是很難處理的議題。沒有人能確定戰爭可以或應該如何結束。北約下定決心要贏得戰爭，俄國也展現出同樣意圖，即便後者經濟可能因此深陷困境。專家們都還在爭論經濟制裁的有效性。事實上，中國、印度、伊朗、北韓和土耳其全都從該戰爭中獲益。中國已經表示出其調停的意向，但沒有任何實質行動以達成該目標。

　　國防與外交政策知識份子普遍認為，戰爭已陷入僵局，沒有贏家或輸家。在川普成為下一任總統後，美國政策轉向也並非意料之外，倘若拜登連任，戰爭很可能會進一步升級。北約不太可能會出兵烏克蘭。現有的混合戰爭很可能繼續下去。至於戰爭疲勞問題則會出現於烏克蘭邊境及內地，以及北約國家之間，在大國當中也能看到這個情況，但媒體並未完全提及戰爭中這塊敏感部分。這是一場冷戰與真實戰爭的結合，也是一場俄國與烏克蘭的戰爭，更是實際上的美俄戰爭。中國能做什麼？國防和外交政策專家沒有答案，但他們一致認為這是場升級版冷戰，我則傾向形容這是國際關係中的「冷和平」，無論2024年11月美國總統大選結果如何，這種情況很可能都會持續下去。

　　以色列與哈瑪斯之間的戰爭則複雜得多。有幸的是，美國、以色列及其盟友還能控制戰爭規模。然而，美國和以色列似乎都有其不同的政策優先順序及政策議程。美國對該區域事件的影響力和控制力已經減弱。由於中國需要先處理其國內問題，中國能做多少和做什麼尚不清楚。國際與區域關係，包括兩岸關係，可能都還要僵持一段時間，才能有信心談「創造和平」或「建立和

平」。因此,不妨在此適用「冷和平」的概念。由於普丁在 2024 年 3 月再次當選,並且將執政至 2030 年,中俄關係似乎會進一步提升。俄國在 2024 年主辦金磚會議後,跡象顯示莫斯科當局有意藉此強化在發展中世界的角色,至於美國及其盟友的回應則是以同樣氣勢及更多具體援助對待發展中國家。這是典型的經濟或科技冷戰。

陸、研究國際政治,抑或國際政治史?

一、該如何將時事與歷史學聯繫起來,反之亦然?

今天的政治就是明天的新聞,以及後天的歷史。最後,它們全都會成為歷史學,需要我們深入思考和分析。無論俄烏戰爭、加薩戰爭,還是朝鮮半島、台灣海峽和南海危機,都符合這個模式。「西方中心主義」長期主導著我們的思維模式,而且「美國治世」仍然適用且有效,印太政策界傾向以美國的觀點來詮釋時事或國際政治,並因此塑造了國際關係史學。

在這個人工智能、元宇宙、社群媒體和數位外交的時代,溝通、認知、理解、相互學習,以及最終議程設定的過程都將會變得複雜。在民主國家,大家都已經看到這種趨勢,這也適用於正在進行或準備迎接選舉的多數國家,儘管公開和透明程度可能不一樣,其結果將使國際傳播、國際關係、區域政治及相關議題的研究充滿挑戰。在此情況下,歷史學變得更有助於政策知識份子

尋找解決方案。

二、歷史學回顧真的有幫助嗎？

研究始於歷史和歷史學，反之亦然。冷戰史就是一個很好的例子。美國對蘇聯和中華人民共和國的外交承認拖延了相當長的時間，並為此設計了十分全面的外交、國防和經濟政策方案來處理國家和國際安全問題。今天的歷史學不只是提供政策知識份子重溫與檢視歷史的後照鏡，而是重新檢視歷史與當代的意義。否則，也不會有俄烏戰爭趨向韓戰化或加薩大屠殺等討論。誠然，這些回顧全都讓政策辯論變得更複雜，也讓共識的建立變得更困難。

俄國、中國和越南的政策知識份子也曾有其檢討回顧。對於冷戰的重新詮釋未必與西方完全相同。然而，一些灰色地帶已經能正確填補，這些都有助於我們了解過去並預防當前的潛在危機，例如中美衝突、南海危機、台灣海峽危機、中日釣魚島爭議、美台關係等。越戰、1979年中越戰爭及其他事件也一樣。猶如東協說明了相關國家為及時回應大國干預區域事務，如何決定組成同盟，如今的中美競爭以及雙方各自提出之經濟與防衛倡議，也在印太國家中引起了不同的反應。BRI、AUKUS、QUAD、IPEF及三方經濟走廊（IMEC）都是很好的例子。

三、為什麼回顧新興工業國家（NICs）會有幫助？

先前提及之「雁行模式」有助我們分析南韓、香港、新加坡

和其他東協國家的經濟發展過程和結果,隨著政治與社會變遷,學術界對於發展研究與區域研究的典範也有所轉移,例如印度、越南、印尼與泰國被納入科技、安全與社會的研究範圍。「發展型國家」模式仍有其影響力,只是雁行模式還是主要典範。除此之外,「椋鳥群飛模式」(starlings murmuration model)也加入典範轉移名單。雁行模式意指單一領域的技術分工及合資企業,椋鳥群飛模式則著眼於混合和融資企業。在當今的世界市場上,每個新興經濟體都有自己的選擇。在過去的新興經濟體(南韓、台灣、香港和新加坡)當中,除了香港,其他都仍然是重要的研究案例。

關於「中國模式」已經爭議許久,現在則「印度模式」正在興起,再加上南非和巴西。他們都被納入金磚國家模式的研究範疇中,也可說是椋鳥群飛模式的延伸。在政策界達成任何結論之前,他們仍在密切觀察 ASEAN、APEC、帶路倡議(BRI)、區域全面經濟夥伴協定(RCEP)、跨太平洋夥伴全面進步協定(CPTPP)和印太經濟框架(IPEF)取得的成果。這會是一個漫長的過程,首先是國際政治經濟學的研究,然後才是國際關係史學的研究。

四、為什麼國家在這個競爭時代需要策略?

在這個競爭激烈的時代,各國都傾向於採取不同的策略來保護及提升國家利益。有些戰略思想其實來自於非軍事領域的研究。工商界傾向於認為,企業需要考量到其可能採取的戰略種

類,即經典型戰略、適應型戰略、塑造型戰略和遠景型戰略。每一種戰略都有不同的含義,可以隨時進行轉換。國家有不同的規模和範圍需要考慮,特別是大國。多數印太區域國家,包括台灣在內,都強調創新、創造與適應力。國際與國家政治經濟的新思維,則涉及地緣政治、地緣經濟與地緣文化。我們會發現他們的國家和企業戰略越來越多元化,現在就概括其國家發展戰略還為時尚早,不過趨勢還是椋鳥群飛模式較多,雁行模式較少。而實際做法仍取決於每個國家的偏好和優先順序。

五、國際與區域關係是否回到了 1945 年?

美國及其盟友一再否認其與俄國、中國及其他國家之間的新冷戰。在印太區域,各國往往會聚焦在自己的國家利益與安全,因此傾向於權力平衡與大國外交的混合戰略。將此形容為「不結盟運動的復興」也許並不完全正確,但全球南方或印太區域國家已展現出參與並塑造世界秩序的意願與企圖。全球國際關係的政治版圖及秩序,也有望在 2025 至 2026 年變得更加明朗。

柒、結論

回顧冷戰歷史,無論是鎖定 1917-91 年或 1947-91 年,都值得台灣、中國大陸,甚至是整個印太區域好好研究。由於全球化和數位化的緣故,亞洲和整個世界經歷了重大的變化與轉型。世界正處於危機之中,印太區域也是如此。我會形容這是全球國際關係中的持續性冷和平。AI 和未來的國際與國內社會,將為我們提

供一個人類從未想像過的虛擬系統和科技空間。無論有沒有新冷戰，我們都活得危險，這並不是因為生存環境早有預設，而是由於無知和自滿。在這個冷和平的時代，即使沒有出現新冷戰，也需要一種新的人文主義、全球關懷、責任分擔與韌性。

儘管近來已有相當多的討論，還是不容易在中國與東協國家或其他主要大國之間形成行為規範，遑論軍備控制和其他預防危機的措施。總體而言，世界並未走向哈斯（Richard Haass）在《失序時代》書中提及「非極化」（non-polarity）觀點；弗格森（Niall Ferguson）最近提出的相互制約戰略或進階版低盪政策，可能更能解釋目前的世界秩序與冷和平現象，以及大部分爭議區域的現狀。如果主要大國都已為此充分準備的話，美中之間的競爭將會持續，後冷戰時代則需要重建安全架構。然而，不幸的是，大多數 G7 國家與俄國及中國都有其國內議程要處理。蓋迪斯就曾警告歷史學家不要簡化其研究，而是應該好好處理複雜性。冷戰的歷史便是我們實踐其警語的最佳案例之一。

基本上，美國及其盟友與俄國、中國及其盟友，都要面對在 AI 與元宇宙時代中國際關係的變遷現實。馬列主義制度犯了根本錯誤，但自由民主制度也有其致命弱點。我們都太依賴炒作工具或政治宣傳來處理國際關係及國際安全相關事務，至少自 2018 年以來，甚至更早之前就已經開始。主要大國之間的不信任感如此之深。很明顯，多數大國仍在盡力控制兩場主要戰爭，他們很擔心並已經為印太區域或其他地方可能會發生的第三或第四戰線做好準備。

嚇阻已經證明了其局限性，我們應該嘗試其他方式來進行真正的溝通、接觸和相互理解。自從前蘇聯解體後，西方忽略俄國已經太長時間了。大家樂於在中國投資，充分利用其自然與人力資源，而現在工業國家已經轉移到全球南方及其他地區，並同時持續他們在中國的投資。西方國家對烏克蘭和加薩的憂慮自然是有道理的。他們應該深思、計畫並充分執行其共同決策。朝鮮半島、台灣海峽和南海區域則是不同的情況。我們應該自問的問題是：我們真的瞭解中國、俄國和整個亞洲嗎？相對地，我們在俄國、中國和伊斯蘭世界的同行對我們也有同樣正確及公平的理解嗎？

　　全球南北之間及其他地區之間的差距都需要縮小。美俄分歧及美中競爭也要分別處理。無論我們樂見與否，美中往來，或許更精確地說是G2，便是我們維持外交路徑開放及具可行性的可能機會。與此同時，我們的困境是相關各方是否同意保持新的戰略耐心（strategic patience），亦即等待烏克蘭和加薩停火，以及華府、莫斯科和北京當局採取所有必要措施，將其內部妥善整頓好？21世紀的國際關係是如此獨特，國內外都存在著「冷戰」和「後選舉效應」症狀，難怪有些同仁會形容這些都是冷戰的升級版或升級進階版。在此，期盼「島鏈人文」計畫能夠帶來一些啟發，引導大家重新檢視這個人類發展的重大過程。

第一篇

1950 年代：分裂與對立
Back to the 1950s: Split and Confrontation

冷戰源起之論辯與東亞案例省思

陳欣之／成功大學政治系教授

壹、導言

　　國際社會正步入強權競逐地緣政治勢力範圍，主宰全球制度，爭奪全球資本、貨品、知識、數據、技術標準等各種關鍵網絡核心主導地位的霸權（hegemony）更迭歷程。待底定的霸權更迭歷程，塑成二十一世紀地緣政治衝突底韻，衝擊國家認同，鋪墊全球秩序重整的沃壤。

　　當前美國與中國的全方位權力競逐，是國際社會步入「新冷戰」（New Cold War）的標記。中國於 2011 年成為全球第二大經濟體，拓展在東亞的地緣戰略勢力，延伸中國在全球制度的影響力，戮力在 2049 年榮登世界強權頂峰。美國自省，試圖改造中國的交往策略（engagement）業已失靈。[1] 川普（Donald Trump）總統自 2017 年後對中國啟動貿易戰，2020 年爆發的 COVID-19 新冠病毒時疫肆虐全球，夯實美國對中強硬政策共識，激化美中分歧，加速美中經濟脫鉤，摧折美中共同應對全球氣候變遷風險的大國合作誘因。拜登（Joseph Biden）政府繼之採取一系列出口管制措施，試圖延緩中國在半導體暨微電子、量子技術與人工智慧領域的發展步伐，維繫美國的科技領導地位，強化美國在軍事、

---

1. White House, "National Security Strategy of the United States of America," October 2017, p.25; https://trumpwhitehouse.archives.gov/wp-content/uploads/2017/12/NSS-Final-12-18-2017-0905.pdf

經濟、金融等硬實力的主宰優勢。[2] 2022年俄羅斯入侵烏克蘭的軍事衝突，使全球再度陷入核武威脅陰影，加速全球地緣政治集團對立，國際治理制度癱瘓難行，全球重演軍備競賽套路。台灣海峽、朝鮮半島、南海與中東紅海區域等影響全球貿易交通網絡運作的戰略樞紐，再度成為可能引爆全球大規模地緣政治衝突的熱點，重演二十世紀的冷戰戲碼，成為全球霸權競逐的前線國家。

本文擬採取鑑往知來的態度，回顧各家對二十世紀冷戰起源的不同觀點，分析晚近從霸權更迭視角，鋪陳的新冷戰論述。接著從東亞冷戰前線國家影響冷戰走向的案例，就今日國際社會重新邁入「新冷戰」之際，從本土發展、區域重構與全球體系重構等三個層面，補充觀察新冷戰發展的思考方向。

貳、冷戰起源的不同論述

衰落霸權英國誘發美蘇冷戰，是解析歐洲步入美蘇冷戰的微觀視角。第二次世界大戰結束後，英國國力耗盡，大英帝國分崩離析，蘇聯持續在歐洲大陸擴張，已嚴重威脅英國的安全環境。此刻英國有三項大戰略選項，分別是一、重整大英帝國實力，結合加拿大等自治領，重振雄風；其次是接受權力轉移現實，深化英美同盟，在美國扶持下，抗衡蘇聯威脅；或者是結合戰後殘破百廢待舉的歐洲國家組建歐洲聯盟。[3] 考量英國無法在旦夕間克服戰後國勢衰微的挑戰，英國工黨政府決定延續英美戰時同盟夥伴關係，斷然執行戰略緊縮，採取對美戰略依賴，應對日趨惡化

的地緣戰略環境。1947年2月,英國政府接連割捨戰略超載負荷,決定將巴勒斯坦提交聯合國託管,從希臘撤軍,以及允准印度獨立,結束南亞次大陸的殖民統治,這三項決定,深刻地影響了戰後世界秩序的走向。[4] 英國的戰略緊縮作為,產生權力真空,迫使美國承接蘇聯咄咄逼人的安全挑戰。美國總統杜魯門(Harry Truman)於1947年3月揭示杜魯門主義(Truman Doctrine),明示蘇聯以極權主義裹挾自由人民,是對國際和平暨與美國國家安全的威脅。美國開始承續英國,涉足歐洲大陸,抗衡蘇聯的勢力範圍擴張。美國於1947年軍援希臘,發表「馬歇爾計畫」(Marshal Plan)重建歐洲友好國家經濟,更於1949年組建《北大西洋公約》(North Atlantic Treaty)軍事同盟,應對蘇聯勢力在歐洲的擴張。英國衰敗造成的權力真空,引誘蘇聯橫行歐洲,亦迫使美國直接介入歐洲地緣政治變化,揭開美蘇冷戰序幕。英國在1947年的全球大戰略變化,將第二次世界大戰結束初期的美蘇英三強鼎立,更迭為沒有英國的美蘇兩強對峙體系。[5]

---

2. 陳欣之,〈解析霸權應對崛起強權策略:美中兩強在關鍵新興科技之權力競爭的理論啟示〉,《問題與研究》,63卷1期(2024年),頁1-53。
3. Ritchie Ovendale, *Anglo-American Relations in the Twentieth Century* (New York: St. Martin's Press, 1998), pp.60-61.
4. Philip Murphy, "Britain as a Global Power in the Twentieth Century," in Andrew Thompson ed., *Britain's Experience of Empire in the Twentieth Century* (Oxford: Oxford University Press, 2012), p.51.
5. Lorenz M. Lüthi, *Cold Wars: Asia, the Middle East, Europe* (Cambridge, Cambridge University Press, 2020), p.2.

帝國擴張觀點，構成第二種解釋冷戰爆發的視角。此種看法認為，受到意識形態的驅策，美蘇兩強的冷戰權力競爭，根源於美蘇兩強向全球移植其意識形態與典範制度的野心。蘇聯被標誌為一個革命帝國（Revolutionary Empire），受到共產主義意識形態、極權主義制度以及俄羅斯傳統帝國概念的塑成，蘇聯領導人堅定不移地堅持馬克思列寧主義意識形態，是造成國際持續不安全氛圍的根源。[6] 蘇聯扶植歐洲、亞洲、拉丁美洲與非洲的共黨組織，奪取國家政權，或是採取武裝暴力方式，脫離美歐勢力範圍，加入蘇聯的全球共產主義集團。反之，美國亦不是國家安全受威脅的防衛者，而是試圖將其意志與資本主義經濟體系，強加於國際社會的非正式帝國。[7] 冷戰時代，美國並未自我克制，而是過度地向國際社會投射其國家實力。[8] 冷戰結束後，新自由制度主義（Neo-liberal Institutionalism）對美國自由主義秩序的討論，呼應美國利用其優勢霸權地位，控制國際社會議程，創造或強化有利於霸權統御的價值、信念、程序或制度，內化國際體系成員，執行有利於霸權的價值與規範。[9] 冷戰時期的共產主義世界革命與捍衛民主自由的意識形態對立，將許多國家的內部權力糾結，昇華為美蘇全球意識形態對立的代理戰爭（proxy war），更將冷戰從初期的歐洲地緣政治矛盾，演繹為全球性的全方位權力競逐。

　　最後，結構現實主義（Structural Realism）從國際體系分析路徑，勾勒發生冷戰權力平衡（balance of power）對峙的國際無政府結構因素，[10] 主張國際體系的無政府狀態結構，使所有國家面臨朝不保夕的生存安全壓力，為克服相對權力優勢國家所施加的安

全威脅,國家或是透過內部抗衡(internal balancing)的自我實力成長,或是採取外部抗衡(external balancing)手段,結合其他相對弱小國家,組成同盟,對抗體系內的最強大國家,均衡對我方不利的不對稱權力分配狀態,維持本國安全,達到國際體系的權力平衡狀態。[11]結構現實主義相信,擁有權力優勢的霸權,威脅其他相對弱小國家的生存安全,因此權力分配的相對差距,促使弱國相互結盟,共同抗衡霸權,達到權力平衡狀態,因此推論美蘇冷戰乃是兩極權力平衡的最佳案例,[12]美國主宰全球權力優勢的單極體系(unipolar system)終將面臨他國的全面硬抗衡(hard balancing),進入國際體系的權力平衡狀態,與中國構成兩極體系(bipolar system)。[13]結構現實主義認為,蘇聯或是美國的權力擴張,是國家單元(unit)受到無政府結構宰制的產物,冷戰不過

---

6. Vladislav Zubok and Constantine Pleshakov, *Inside the Kremlin's Cold War; from Stalin to Khrushchev* (Cambridge, MA: Harvard University Press, 1996).
7. William A. Williams, *The Tragedy of American Diplomacy* (New York: Dell Publishing, 1982).
8. Melvyn P. Leffler, *A Preponderance of Power: National Security, The Truman Administration and the Cold War* (Stanford: Stanford University Press, 1992).
9. G. John Ikenberry and Charles A. Kupcha, "Socialization and Hegemonic Power," *International Organization,* 44:3(1990), pp.290-292.
10. Kenneth N. Waltz, *Theory of International Politics* (Reading, MA: Addison-Wesley, 1979).
11. Kenneth N. Waltz, *Theory of International Politics*, p.127.
12. Kenneth N. Waltz, *Theory of International Politics*, pp.170-176.
13. Cliff Kupchan, "Bipolarity is Back: Why It Matters," *The Washington Quarterly*, 44:4(2021), pp.124-125; Kenneth N. Waltz, "Structural Realism after the Cold War." *International Security*, 25:1(2000), p.3.

反映國際體系的權力平衡邏輯。未來,美國主宰全球的單極霸權狀態,終將邁入恆久穩定的權力平衡狀態。新冷戰的兩極對抗再現,不過是國際體系權力平衡邏輯的必然。

參、解析新冷戰的霸權更迭視角

相對於史料豐富的冷戰研究文獻,當今國際關係多採用權力轉移論(Power Transition Theory)或是霸權更迭概念作為解析美中權力競逐的分析路徑,[14] 勾勒美中兩強衝突對於國際體系的衝擊。[15] 霸權是國際體系內,控制原料、資本來源、市場,並享有生產高附加價值貨品相對競爭力的物質權力優勢國家。[16] 它運用其所擁有的資源及權力優勢地位,組建符合其利益的國際制度,提供國際安全環境與國際通貨穩定等國際公共財。[17] 霸權運用可造福盟國並滿足其他傾慕國的規則,塑成國際秩序,管理國際體系,長保其權力優勢地位。[18] 霸權更迭觀點以為,主宰霸權傾向維持現狀,崛起強權則是否定國際體系制度運作的不滿意國家(dissatisfied states)。[19] 大部份的霸權更迭論述觀點在檢現當今的美中兩強權力競逐,多界定美國扮演維繫現有國際秩序運作的守成霸權(status quo hegemon)角色,中國則是挑戰霸權秩序的改變現狀國家(revisionist state)。

權力轉移論勾勒出美中的權力競逐必然會逐步升高,最終導致全球規模之霸權戰爭(hegemonic war)的預言。[20] 首先,霸權更迭是國際無政府結構(anarchical structure)的產物。國家受到無

政府結構驅動，與他國進行權力競爭，爭奪國際主宰地位。無政府狀態所形成的高度安全不確定性，促使所有國際體系成員追求權力極大化，其終極目標是成為國際體系的霸權，權力平衡機制與海洋所構成的巨大水體，是限制國家權力投射，成為全球霸權的障礙。[21]

再者，國家物質權力的成長，將誘發崛起國挑戰守成霸權，組建國際新秩序。吉爾平（Robert Gilpin）認為，國家都有追求擴張的目標，也就是征服土地以增進經濟、安全與其他利益，

---

14. Robert Gilpin, *War and Change in World Politics* (Cambridge: Cambridge University Press, 1981).
15. Graham Allison, *Destined for War: Can America and China Escape Thucydides' Trap* (New York: Houghton Mifflin Harcourt, 2017); Alexander Cooley and Daniel Nexon, Exit *from Hegemony: The Unraveling of the American Global Order* (New York, Oxford University Press, 2020); Matthew Kroenig, *The Return of Great Power Rivalry: Democracy versus Autocracy from the Ancient World to the U.S. and China* (New York, Oxford University Press, 2020); Robert Ross, Øystein Tunsjø, and Dong Wang, *US-China Foreign Relations: Power Transition and its Implications for Europe and Asia,* (New York: Routledge, 2021).
16. Robert Gilpin, *War and Change in World Politics*, p.129.
17. Robert Gilpin, *The Political Economy of International Relations* (Princeton: Princeton University Press, 1987), pp.86-87.
18. Ronald L. Tammen, *Power Transitions: Strategies for the 21st Century* (New York: Chatham House, 2000), p.6.
19. Randall L. Schweller, *Deadly Imbalances: Tripolarity and Hitler's Strategy of World Conquest,* (New York: Columbia University Press, 1998), pp.24-25.
20. Graham Allison, *Destined for War: Can America and China Escape Thucydides' Trap* (New York: Houghton Mifflin Harcourt, 2017)
21. John J. Mearsheimer, *The Tragedy of Great Power Politics* (New York: W. W. Norton & Company, 2001), pp.21, 41.

拓展其影響力，掌控全球經濟或是至少施展一定的影響。[22] 觀察霸權與挑戰國的互動，吉爾平認為物質權力的上昇，會激化崛起強權控制外在環境的野心，企圖改變統御國際體系的規則（rules governing the international system）、勢力範圍、以及全球性領土分配。[23] 國關研究常以改變現狀國家、不滿意國家、崛起強權，以及霸權挑戰者（challenger）之名，標誌權力相對成長而且正邁向霸權之路的霸權候選國家，認為改變現狀國家意在尋求全球財之分配（distribution of global goods）的變化，特別是涉及領土、地位、市場，意識形態的擴展，以及國際公法與國際制度的創立或變更。[24] 改變現狀國家在權力逐漸坐大的過程中，會愈發不滿意現存的國際秩序、規則與規範，企圖顛覆或改變現狀，以增長其權力地位暨威望，故而改變現狀國家最終會訴諸武力挑戰霸權，目標是取代霸權的主宰地位，改變國際權力分配狀況，重新塑造國際秩序。這些看法以為，改變現狀國家的各種舉措，是權力成長後的制式反應，必然引發與維持現狀霸權的衝突，最終引爆改變全球秩序的霸權戰爭。由此推論，權力逐步上升的中國，將會挑戰美國霸業，與美國發生嚴重利益衝突，甚至引發霸權戰爭。

其次，霸權更迭論視主宰霸權的衰落為定數，否定主宰霸權應對崛起強權，成功維繫霸權優勢的可能，霸權更迭是一個線性發展的必然。吉爾平認為，國際體系內的國家間權力不均等成長（uneven growth of power）法則，是塑成霸權權力優勢的主因，[25] 一旦主宰霸權遭遇內創新停滯，軍事支出的過度成長，公共暨私人消費成長速度超過經濟成長的負荷，經濟結構步入成長瓶頸，

還有內部腐化帶來的各種傷害，這些內在因素，都會導致霸權邁上衰微的道路。主宰霸權的外在衰敗因子，來自於超出霸權負擔的霸業維持成本攀升，以及不可掌控的經貿暨技術擴散，使霸權失去經濟與科技的領先地位。這些內外的負面作用，總成霸權相對權力優勢的下降。[26] 面對崛起強權，衰落霸權可能因內部碎裂化而無所作為；或是察覺權位失調風險，謹慎地採取戰略緊縮（retrenchment），重新部署軍力，撤守爭議熱點，卸載額外負擔，重點採取嚇阻策略。[27] 如果衰敗速度很快而且浮現多重安全挑戰，衰敗霸權不無可能讓步調解，採取妥協的綏靖（appeasement）策略，[28] 退而求次以求保全強權之位。全球權力分配體系變動之際，霸權可能發動預防戰爭儘早終止權力轉移走勢，[29] 或是運用離岸平衡大戰略，採取外部抗衡的結盟與圍堵手段。[30] 霸權如果為避免霸權戰爭，亦可尊重崛起強權的利益關切，承認其勢力範圍，就霸權主宰秩序進行必要修正，以調適（accommodation）崛

---

22. Robert Gilpin, *War and Change in World Politics*, pp.23-24.
23. Robert Gilpin, *War and Change in World Politics*, p.187.
24. Jason Davidson, *The Origins of Revisionist and Status Quo States* (London: Palgrave, 2006), p.14.
25. Robert Gilpin, *War and Change in World Politics*, p.230.
26. Robert Gilpin, *War and Change in World Politics*, pp.159-183.
27. Paul K. MacDonald and Joseph M. Parent, *Twilight of the Titans: Great Power Decline and Retrenchment* (Ithaca: Cornell University Press, 2018), pp.23-42.
28. Daniel Treisman, "Rational Appeasement," *International Organization*, 58:2(2004), pp.345-373.
29. Dale C. Copeland, *The Origins of Major War* (Ithaca: Cornell University Press, 2000).
30. Christopher Layne, "From Preponderance to Offshore Balancing: America's Future Grand Strategy," *International Security*, 22:1(1997), pp.86-124.

起強權於霸權秩序之內。[31] 結構現實主義則預估，霸權的獨霸局面，將不可避免地面對權力平衡機制的反撲，進入兩極對峙的狀態。[32]

霸權更迭論強調國際體系的無政府狀態結構性作用，以及霸權與逐霸挑戰國的最終霸權戰爭對決，忽視霸權、逐霸挑戰國與其他中小型國家的互動過程，將豐富多樣的逐霸權力競爭，化約為一次霸權戰爭的鯨吞，未就逐霸權力競爭過程，就其互動樣態與互動特徵，進行全面性的思考。相對地，二十世紀的美蘇冷戰案例，為吾人提供了霸權與逐霸挑戰國如何與其他國家互動，各不同陣營的同盟網絡組建，以及兩強實踐逐霸策略的豐富面貌，凡此均構成今日吾人觀察新冷戰構成的研究指引。

肆、東亞前線國家左右冷戰發展的牽引案例

冷戰案例顯示，東亞國家不是被動地成為美蘇冷戰的傀儡，相對地，東亞國家不時在權力相對弱勢的情況下，展示「尾巴搖狗」（Tail Wags the Dog）效應，左右美蘇冷戰對抗的發展路徑。

冷戰初期，蘇聯領導人史達林（Joseph Stalin）並未支持中共迅捷赤化全中國的企圖。史達林最初並不重視中共，視毛澤東為一個次要夥伴，最後出於確保蘇聯在共黨陣營主導地位的務實考量，史達林才不情願地接受中共政權。[33] 1946-1948年，蘇聯謹慎地援助中共建立革命政權，同時延續支持國民政府的既有立場，提出國共南北劃江而治的規劃，此舉受到毛澤東的強硬反對，兩

方發生激烈爭論，最後毛澤東表示順從蘇聯，史達林才決定支持中共奪取全中國的宏圖，但不免疑慮毛澤東對蘇聯的忠誠，以及中蘇同盟的可靠性。[34]美國自1947年起軍援希臘與土耳其，對抗兩國的共黨叛亂，但是華盛頓的決策者充分意識到國共局勢的複雜性，美國雖察覺中共與蘇聯的潛在緊張關係，但仍決定採取務實態度，對國共內戰採取消極策略，並沒有大規模軍援支持南京國民政府。[35]1948-1949年的柏林封鎖（Berlin Blockade）危機後，杜魯門政府仍堅持不介入國共內戰立場，放任中共赤化中國。當歐洲已邁入美蘇對抗的冷戰階段時，蘇聯或是美國對中國局勢的發展，都陷入不同程度的遲疑與被動，兩者並沒有主動複製在歐洲的直接介入模式，升高兩造在東亞的地緣政治競爭。

相對於毛澤東在中國大陸創造新局的努力，北韓領導人金日成則是另一個擺弄美蘇中三方的重要人物。金日成於1949年3月訪問莫斯科，尋求史達林支持北韓南侵，為史達林所拒絕，可是史達林隨後改變初衷，在1950年3月同意軍援北韓，支持金日成的統一朝鮮半島軍事行動。檔案證據顯示，史達林立場的轉變，

---

31. T. V. Paul, *Accommodating Rising Powers: Past, Present, and Future* (Cambridge: Cambridge University Press, 2016), p.5.
32. Christopher Layne, "The Unipolar Illusion: Why New Great Powers Will Rise," *International Security*, 17:4(1993), pp.5-51.
33. Elspeth O'Riordan, *Understanding the Cold War: History, Approaches and Debates* (London: Palgrave Macmillam, 2023), pp.101-103.
34. 沈志華，〈無奈的選擇：中蘇同盟建立的曲折歷程（1944-1950）〉，《近代史研究》，第6期（2010年），頁42-48。
35. Elspeth O'Riordan, *Understanding the Cold War*, p.106.

是在毛澤東有意複製中共革命成功經驗領導東亞革命行動的壓力下，為突顯蘇聯在遠東地緣政治地位，以及提高蘇聯革命威望，才勉強同意北韓的舉措，並非是為滿足擴張共產勢力的野心。冷戰史研究發現，金日成並不是順服蘇聯的大國棋子，相反地，他是一位可以實現北韓目標且熟練操縱國際暨區域動向的戰略家，巧妙地利用史達林與毛澤東之間的複雜關係，成功改變蘇聯態度，進而左右了冷戰的發展路徑。[36]

傳統上，國際關係界定韓戰為冷戰的第一場強權代理戰爭，[37]不過從本土、區域與全球互動的廣泛視角而言，韓戰並不是中小型國家為逐霸戰略目標效力的代理（principal-agent）關係，而是超級強權與其從屬國的複雜多向互構。中共在國共內戰後掌控中國大陸，拉開南北韓由矛盾升高為軍事衝突的帷幕，並且影響了蘇聯、美國與北韓等相關各方的態度；當冷戰在歐洲啟動後，各方領導人對冷戰初期東亞區域安全局勢有不同的解讀。原本已然陷入不穩定狀態的朝鮮半島局勢，因為中共的奪權勝利，而更趨緊張。蘇聯對於歐洲陷入冷戰的安全憂心，以及共產陣營的內在矛盾，促使史達林同意北韓金日成的南侵行動，美國對蘇聯與中共的誤解誤判，更國際化韓戰，[38]為全球不同區域的內部糾結入並昇高為美蘇強權的全球權力競逐賽局，樹立了典範。

伍、結論：省思與未來

過往解析冷戰起源的國際關係研究觀點，反映以美歐中心視角解析全球冷戰的偏差。這些論述認為，以為美蘇強權才是冷戰

的主角,強權是塑造冷戰與兩極國際體系的決定方,亞洲、非洲與拉丁美洲國家的中小型國家,不過是受強權擺弄的大國棋子,缺乏國際社會能動性,是美蘇冷戰的被支配龍套,亦不可能左右冷戰大局。然而今日回顧東亞中小型國家在冷戰初期的表現,可以發現受歷史糾結影響的中小型國家,仍可以在領導人的堅定意志下,利用強權領導人對於威望、國際地位,以及國家安全的關切,創造新局,影響強權間的戰略互動走向。

就理論層面而言,冷戰是否為一個國際體系無政府結構下權力平衡邏輯的再現,仍值得重新酌量。結構現實主義曾錯誤預估,冷戰具備兩極權力平衡對峙的恆久性,但冷戰在 1990-1992 年的突然結束證明,無政府結構並不是決定性左右冷戰發展的關鍵變數,結構現實主義所強調的結構性因素,遭遇極大的理論限制,缺乏論證冷戰格局的理論效度與信度。[39] 今日國際關係史對冷戰的研究發現,結構性現實主義亦難以解析冷戰變遷的多樣性與複雜性因素。[40] 在國際社會邁入被標誌為新冷戰的階段,援用國際體系無政府結構性變數,預估美中權力競逐的規模、發展走向,甚至悲觀地認為將難以擺脫霸權戰爭的悲劇結局,恐有再值

---

36. Elspeth O'Riordan, *Understanding the Cold War*, pp.112-113.
37. David A. Lake and Eli Berman, Proxy Wars: *Suppressing Violence through Local Agents* (Ithaca: Cornell University Press, 2019).
38. Elspeth O'Riordan, *Understanding the Cold War,* p.118.
39 .Richard Ned Lebow, "The Long Peace, the End of the Cold War, and the Failure of Realism," *International Organization*, 48:2(1994), pp.249-277.
40. Elspeth O'Riordan, *Understanding the Cold War*, p.69.

得吾人深刻省思的空間。

就區域視角而言,在歷經全球化的生產鏈構建過程之後,東亞區域已成為全球經濟、商貿與金融互動的核心區塊,守成霸權或是崛起強權是否能複製冷戰時代的作法,迫使區域中小型國家加入強權主宰的地緣戰略同盟或是地緣經濟合作制度,宰制區域中小型國家的政策彈性,約制從屬國的能動性,依照強權意志,塑造一個以強權為核心的政經共同體,將是觀察未來區域走向與全球新冷戰格局發展的關鍵課題。

就個別國家的本土視角而言,相對物質實力差距,並不能限制國家在塑成國際新冷戰格局過程中的能動性。區域內國家之間的歷史恩怨情仇,國家間對於意識形態立場、國家威望以及地位的關切,賦予新冷戰的參與方,在舊有的概念性因素基礎上,對於各造的物質權力因素的消長,產出不同的詮釋與判讀。這些歧異的詮釋與判讀,如果缺乏區域對話機制的修正,很可能觸發連鎖性的誤解與誤判,形成多樣且複雜的轉折點,為未來美中權力交峰,帶來更多的變數與多樣性。

中間地帶國家如何在兩極體系夾縫中找尋出路

楊三億／中興大學國際政治所教授

壹、冷戰的結構與戰略起源：不斷武裝的敵意螺旋

　　歐洲戰場自諾曼地登陸後局勢開始出現轉變，美軍登陸後一路打向德國，1945年4月25日第69步兵師與自東向西進攻的蘇聯第5集團軍，於柏林南方的易北河邊會師，易北河離柏林市最近處僅約70公里，美、蘇兩軍相會歡欣鼓舞，雙方士兵甚且在河旁開心地跳起小舞，為即將到來的最終勝利感到歡欣。同一時間亞洲戰場也即將落幕，1945年8月美軍在廣島與長崎投下兩個原子彈，蘇聯也迅速入侵日本在關東與滿州兩殖民地，美蘇舉動迫使日本接受無條件投降，亞洲戰場自此結束。如果僅從冷戰結束的歷史經驗來看，美國與蘇聯兩強二戰期間艱苦的擊敗了德國與日本兩戰爭發起國，但可惜的是兩國未能共享戰後和平，美、蘇雙方很快的選擇進入新一輪的對抗局面，決定以冷戰形式為全球政治格局定調。

　　冷戰爆發的主要原因在於當時的美國與蘇聯很快的將彼此視為競爭對手，蘇聯軍隊進入中國東北並扶植中國共產黨，讓戰後的中國政權陷入內部衝突、進而引爆成大規模內戰，該場戰爭延續到國民政府撤退至台灣仍未停歇。以北緯38度線為界的朝鮮半島政局同樣並不穩定，大韓民國與朝鮮民主主義人民共和國分別於1948年8月與9月成立，雙方進入軍事對峙狀態，1950年爆

發的南北韓戰爭開啟了東亞地區的冷戰對立局面、自此進入海洋島鏈對抗亞洲大陸的緊張局面。

歐洲大陸二次戰後的變局也很迅速，柏林與奧地利分別由美英法蘇四強佔領，德國並且分為德意志聯邦共和國與德意志民主共和國兩地，歐洲東部的波蘭、捷克斯洛伐克、匈牙利、巴爾幹半島與更往東部的波海三國、烏克蘭、白俄羅斯等地成為蘇聯加盟共和國或其衛星國，西部的法國、英國、義大利等國則受北大西公約軍事保證獲得領土邊界安全。比較歐亞兩地，可以說歐洲與亞洲同時進入冷戰競爭體系，東亞地區多以海洋之隔與島鏈方式與大陸國家進行對抗，歐洲則處於領土緊密相鄰的軍事對峙狀態。

冷戰體系開始，美蘇兩強 1950 年代最重要工作便是投入大規模的核子武器生產，由於見證到核子武器的實戰威力，兩強投注心力於核彈頭生產，美國尤其如此，由於得力於核技術創新，1950-1960 年期間美國核子彈頭數目遠遠超越蘇聯，蘇聯於 1970 年代才快步追上美國、並於 1980 年代大幅超越美國。根據解密的檔案指出，由於美蘇兩強的核彈頭數目如此之多，任何一次失誤都可能造成人類的滅亡，因此在某次軍事演習過程需要按下按鈕示意發射飛彈時，蘇共總書記布里茲涅夫（Leonid Brezhnev）顫抖問著國防部長格列奇科（Andrei Antonovich Grhchko）：「這真的只是個演習嗎？」[1] 在冷戰時期敵意螺旋不斷加強的情況下，美蘇兩強紛紛將牌桌上的賭注提高，希望以此震懾對手、或迫使對手放棄進攻本國意圖，任何一方腦袋所思考者皆是希望保持比對方

優越的核武能力,以免落入挨打的境地。[2]

貳、冷戰的思考基礎:重構冷戰時期兩極對立局勢

雖然冷戰對立局勢如此嚴峻,不過冷戰時期的衝突也並非毫無破綻處,過往理解其他中小型國家面對美蘇兩強冷戰對立局面多以黑白分明的政策立場詮釋國際政治格局。從整體性角度來說,此種觀點可以適用於冷戰時期多數時空環境,不過如果我們更細緻觀察不同時期若干國家的外交政策發展,我們就可以發現另外一種觀點。

首先是西方國家殖民地的獨立,二次大戰前歐洲國家擁有相當多海外領土,二次戰後這些國家殖民地紛紛獨立,無論是英屬殖民地的印度、塞普勒斯、肯亞、南羅德西亞(後改名為辛巴威)、奈及利亞;又或者是法國的突尼西亞、摩洛哥;比利時的剛果;葡萄牙的安哥拉等,這些新興國家外交政策走向與兩極對立的冷戰局面有所差異,他們多半不完全倒向任何一邊,並以不

---

1. Soviet Intentions, 1965-1985, prepared in 1995 by the Pentagon contractor BDM Corporation, cited from *The National Security Archive*, The George Washington University, or see https://nsarchive2.gwu.edu/nukevault/ebb285/, accessed 3 March 2024.
2. SALT II and the Growth of Mistrust: Conference # 2 of the Carter-Brezhnev Project: A Conference of U.S. and Russian Policymakers and Scholars Held at Musgrove Plantation, St. Simons Island, Georgia 6-9 May 1994, Excerpt.

結盟政策為這些國家安全政策主要標記。[3]另一個是中立化國家，二次戰後幾個較為顯著的中立國：瑞士、瑞典、愛爾蘭、芬蘭與奧地利，這些國家無論是出於主動意願或被動接受中立政策，在冷戰期間不與任一方組成軍事同盟、採取了相對中立的外交政策發展。[4]冷戰時期中立國家的中立政策不僅維繫了這些國家免於捲入美蘇兩強對立的潛在衝突局面、同時也緩和了兩強勢力範圍前線地帶的緊張局面。[5]

即便是位處兩極對立核心圈的歐洲國家，冷戰時期也並非採取全然對抗的外交政策。領土被瓜分為東德與西德兩個國家，德國始終未曾忘懷統一的夢想，西德社民黨總理布蘭特（Willy Brandt）原以反共為基本立場，後於1960年代構思東方政策（Ostpolitik）、並於1969年上台後以東方政策為外交政策核心，1970年布蘭特在訪問華沙時，於猶太區起義紀念碑以跪下之姿反省過去納粹罪行為其代表，1971年更獲得諾貝爾和平獎，顯見西德有意緩和兩德與美蘇兩陣營對立態勢。[6]其他國家如法國、土耳其等歐亞國家也並未採取非黑即白的政策立場，這些國家都極力地找取外交上的迴旋空間、俾便降低可能衝突與維護國家自主利益。

參、冷戰對島鏈亞洲與歐洲中間地帶國家的影響：避戰策略選擇

從前述觀點來看，冷戰時期不僅有低盪緩和時期、眾多國家

也避免捲入戰火,接下來便從個案探討冷戰體系的避戰策略。

一、南斯拉夫

觀諸歷史,歐洲大陸的土耳其與奧匈帝國原為諸多民族組成的帝國,不過歷經第一次世界大戰洗禮,土耳其於1923年廢除蘇丹、正式成立土耳其共和國;奧匈帝國原有領土上的捷克斯洛伐克、波蘭、匈牙利等國逐步成立,帝國也隨之在1919年瓦解,原先這兩國構成的少數民族紛紛獨立成國,歐洲大陸的帝國統治逐漸走入尾聲,不過南斯拉夫卻是另一個場景。南斯拉夫從鄂圖曼土耳其帝國獨立後成立塞爾維亞王國,歷經土耳其與奧匈帝國戰敗而獲得統一塞爾維亞周邊地區各民族的機會,1941年趁二次大戰爆發該王國改制為聯邦制的社會主義國家,並由狄托(Josip Broz Tito)為領導人。由於南斯拉夫是一個由多個民族組成的國家,境內包括塞爾維亞人、克羅地亞人、斯洛文尼亞人、波斯尼亞人、黑山人和馬其頓人等,因此狄托採取極權統治、並以有限度開放的社會主義為主要發展模式,允許一定程度上的私有財產和市場經濟,同時給予不同民族相對獨立的政治地位,對內採取

---

3. Norman Davis, *Europe: A History* (London: Oimlico, 1997), pp.1067-1070.
4. Phillip Petersen, "Scandinavia and the 'Finlandization' of Soviet Security," *The Academy of Political Science*, 38:1(1991), pp.60-70.
5. Norman Davis, *Europe: A History,* pp.1087-1089.
6. Arne Hofmann, *Brandt, Kennedy and the Formation of Ostpolitik* (Oxon: Routledge, 2007), pp.27-42.

極權與聯邦權的統治模式。

南斯拉夫冷戰時期的外交政策也有可觀之處，由於南斯拉夫位於巴爾幹半島、鄰近蘇聯，而且同為社會主義陣營國家，因此外界多以為南斯拉夫為蘇聯東歐共產陣營一員，不過實際上狄托很早就與史達林決裂、與蘇聯劃清界線，導火線是誰來主導巴爾幹地區的蘇維埃化任務，史達林原先屬意由阿爾巴尼亞人，但狄托對此咸表不滿、擔憂此舉將造成大阿爾巴尼亞主義的回歸、極端不利於塞爾維亞人。[7]由於南斯拉夫有著多樣的民族組成，這就使得以塞爾維亞為主體、統一巴爾幹半島的國家認同牢牢地鑲嵌在狄托的政治認同裡，因此極端排斥蘇聯的干預行為。維持最低程度的市場經濟運作也是雙方意見差異所在，南斯拉夫認為應該採取和蘇聯不一樣的集中式計畫經濟，保留一定的私有財產制可以活絡南斯拉夫經濟發展。除此之外，另一個造成蘇聯與南斯拉夫決裂的原因是蘇聯留意到美國將透過馬歇爾計畫長期援助西歐國家，歐洲大陸的權力競爭將持續很長一段時間，史達林為求穩固統治地位，因此決議驅逐不順從的狄托。

由於美國意識到蘇聯與南斯拉夫的分裂局面，因此時任美國總統杜魯門開啟了對狄托的援助方案，1949 年美國援助南斯拉夫已有千萬美元額度，1950 年援助數字還進一步擴大。[8]不僅提供援助，由於南斯拉夫採取不結盟立場，也就是不加入華沙公約或北大西洋公約組織任一方，因此美國主要的任務就是確保狄托能順利執政、免於分崩離析的命運。由於南斯拉夫的外交政策在歐洲地區如此特殊，因此冷戰時期南斯拉夫特別關注芬蘭中立化進

程（思索是否能仿效芬蘭中立政策）、蘇彝士運河危機時支持埃及，以及於1960年代在狄托的倡議下發起不結盟運動，並與埃及、印度、印尼、阿富汗等國為發起國，組成不結盟運動集團。該運動表明反對殖民主義、帝國主義與新殖民主義，顯然採取的路線有別於蘇聯的外交政策。[9]

二、日本

日本二次戰後的外交政策與戰前有很大轉變，主要原因來自於其戰敗後國際地位轉變、重新塑造國內政治環境以及兩極對立國際局勢等因素，其外交政策特點如下：

首先，二戰結束後日本成為美國佔領下的國家，1947年頒布的日本國憲法保留天皇並在此基礎重建民主制度，引進公民權利與政治自由，並確保司法獨立審判的政治制度，憲法中並承諾放棄戰爭和武力行使。其次，由於戰敗後的日本廢除國防軍制度，因此日本安全由美日軍事同盟、也就是美日安保條約所肩負，該條約規定美國對日本的安全保護義務以及雙邊軍事領域的合作，並在日本領土被攻擊的情況下美國將會透過武裝力量保護日本。再其次，戰後日本致力經濟發展，並由於其快速恢復經濟成長動

---

7. Vojin Majstoroviü, "The Rise and Fall of the Yugoslav-Soviet Alliance, 1945-1948," *Past Imperfect*, 16 (2010), pp.132-164.
8. Henry Brands, "Redefining the Cold War: American Policy toward Yugoslavia, 1948-60," *Diplomatic History*, 11:1(1987), pp.41-53.
9. Stephen S. Anderson, "Yugoslavia: The Diplomacy of Balance," *Current History*, 56:332(1969), pp. 212-217.

能而成為日本外交政策核心因素，日本參與國際政經組織、對外援助成為外交政策的特色所在。

　　由於日本對鄰近國家造成極大的歷史傷痕，區域鄰國對日本戰後動向保持高度矚目，為緩解東亞國家的擔憂，日本戰後外交政策主軸以和平主義與多邊主義思想為特徵。作為日本安全保障，美日安保條約穩固日本戰後免於軍國主義再興，壓抑軍國主義也是日本國內重要的政治氛圍，戰後初期日本國內瀰漫和平主義與多邊主義思維，並在美國對日本進行的憲政改造工程下發展。[10] 由於前述條件限制，因此日本對於參與國際組織，如聯合國，採取了相當積極的作為，將本國利益鑲嵌在國際組織的運作之中。仔細觀察日本的外交政策也可見到此種現象，在冷戰體系下透過若干舉措拓展不易獲得的國際活動空間。由於當時地緣政治限制，日本想要透過經濟外交方式拓展西方國家以外的其他國家交流，1957 年日本的外交藍皮書說明日本需要與世界各國發展貿易以活絡日本經濟，這裡的各國還包含各種不同政治體制的國家，共產國家並未被排除。

　　日本與共產國家的接觸、特別是南斯拉夫，有著極為特殊的意涵存在。1951 年南斯拉夫獲邀參加舊金山和平會議但未能參加，不過隔（1952）年日本便與南斯拉夫恢復邦交、重新建立聯繫關係，這在當時日本的對外關係中顯得相當受人矚目。相較於日本希望以經貿打開國際交流，南斯拉夫也希望在初期與美蘇兩強關係不睦的情況下得到更多援助，兩國合作於焉展開。1950 年代日本開始與南斯拉夫進行經貿接觸，透過日本進出口銀行提供

南斯拉夫1200萬美元貸款,並在三菱企業的支持下進口廠房設備與興建廠房。

兩國雙邊進展並未停止在貸款援助層次,1959年簽署貿易與海運協議,並相互給與最惠國待遇地位,為兩國經貿關係增添更多動力。在兩國發展經貿關係期間,處處可見兩國避免透過官方對官方的直接接觸,三菱公司與其他銀行團扮演顯著的白手套角色,避免因兩國接觸受到外部干擾。從統計數據來看,日本的舉措讓日本與南斯拉夫進出口貿易的確產生升溫效果,自1958年至1960年,日本對南斯拉夫的出口貿易量從118萬美元上升至584萬美元;進口額則從幾乎0美元上升至280萬美元。[11] 伴隨經貿成長的是兩國政治關係的升溫,1968年南斯拉夫總統狄托首次訪問日本,這也是首次共產主義國家的領導人訪問日本,在訪問日本期間狄托會晤日本天皇,也參訪了東京、大阪、京都等地,在當時是一件令人相當矚目的國際拜會。狄托與當時日本首相佐藤榮作進行數次會晤,雙方對越戰與東歐國家局勢交換許多意見,可以說是一次深刻的雙邊會晤。

---

10. J. V. d'Cruz, "Japanese Foreign Policy and the Cold War," *The Australian Quarterly*, 37:3(1965), pp. 35-48.
11. *White Paper on International Economy and Trade*, Ministry of International Trade and Industry 1961, New International Division of Labor, Tables: 2-33 and 2-34, and Detailed Exposition, Tables: 3-176 and 3-177.Cited from Jelena Glisic, "Balancing among Superpowers: Japan-Yugoslavia Relations during the Cold War," *Journal of International and Advanced Japanese Studies*, 8(2016), pp.145-156.

對日本來說，與南斯拉夫的交流是一個重要的起步，此模式建立後有助於日本繼續開拓與第三世界國家交往，特別是共產國家集團。對南斯拉夫來說，與日本交流則證明了南斯拉夫也可以在美蘇兩強對立的局面中找出第三條道路，免於選邊站的困境，可以說日本與南斯拉夫 1950-1960 年代的接觸展現了兩國外交政策的細緻之處。

肆、結論：反思與重估冷戰的來臨？

　　二次世界大戰後的兩極對立體系是國際關係歷史很重要的一個片段，美蘇兩強核子對峙標誌人類毀滅理性的終極展現，人類透過理性不斷在科技層次上獲得突破，不過也因為相互保證毀滅的理性之故，人類發展出足以消滅地球所有生物的大規模毀滅性武器，對身處冷戰體系的中間地帶國家來說，避免落入兩極對立是當時這些國家所能發出的微弱求生訊號。透過不參與兩強的權力競爭過程，避免戰爭爆發是這些從殖民母國獨立出來的新興國家、中立國家、以及若干嘗試找出其他發展道路國家的另一種理性展現，重新思考二次戰後的避戰思維有助於我們以更全面的角度理解冷戰時期的國際關係面貌。時至今日，21 世紀的國際關係正逐步走向新冷戰局面，海洋強權與大陸強權隱隱然重新燃起對抗局勢，如何在當代的強權競爭過程中避免加深對抗、採取積極避險策略，可能是這一代人所需共同面對的挑戰。

　　從南斯拉夫與日本兩國二戰時期的策略來看，兩國都展現了在其固有陣營中的彈性靈活作為，這兩國都不甘於扮演集團內魘

從者的僵硬角色，兩國都試圖在各自陣營中找尋出路。雖然身處有如火藥庫的巴爾幹半島地區，南斯拉夫憑藉狄托的強勢領導為該國爭取到相對獨立的自主地位；日本也透過與南斯拉夫的擴大交往而找出其外交政策方向，掙脫僅與資本主義國家發展經貿關係的窠臼，這兩國的經驗可提供給我們這一個世代許多參考。

反思與重估冷戰來臨及其當代啟示

蔡育岱／中正大學戰略暨國際事務研究所教授

綜觀結構性大戰之後，戰勝者將有三種選擇：（一）成為強權，留在體系內支配；（二）推卸責任，收拾行囊班師回家；（三）建立戰後新秩序。[1] 從戰後初期蘇聯明顯的選擇第一點，留在東歐支配體系，並覬覦中歐與西歐，在亞洲則是在中國、越南、朝鮮扶植共產專政；相較之下，美國選擇了第二點，把歐戰的責任推給英國與法國，在亞洲戰區，則放任國共內戰，使得蘇聯快速赤化，直到歐洲1948年發生第一次柏林危機，亞洲爆發1950年韓戰，美國才積極涉入，防止蘇聯共產勢力擴散，漸漸的雙方選擇了第三點，建立起戰後屬於冷戰的新體系。

壹、冷戰體系的權力平衡

1950年代冷戰的體系就是一種權力平衡，而冷戰（Cold War）一詞也不是當代1950年所擁有，其最初出現於14世紀西班牙作家馬努埃爾（Don Juan Manuel）筆下的基督與伊斯蘭衝突。普遍的常識是1945年蘇聯控制東歐並佔領東柏林，1946年邱吉爾發

---

1. John G. Ikenberry ed., *After Victory: Institutions, Strategic Restraint, and the Rebuilding of Order after Major Wars*, Princeton: Princeton University Press, 2001.

表著名的「鐵幕言論」（Fulton Speech），[2] 標誌著冷戰的開始，緊接著 1947 年希臘內戰爆發，由於希臘內戰背後來自於蘇聯的運作，美國總統隨即發表「杜魯門主義」（Truman Doctrine），即宣稱美國有領導自由世界和援助某些國家復興的使命，以防止共產主義的滲入，強調援助希臘和土耳其的必要性；之後，杜魯門決定要求國會通過給予希臘（3 億）和土耳其（1 億）共 4 億美元的援助。隨即 1947 年，蘇聯成立「共產情報局」開始替國際共產收集情報；對此，美國展開「圍堵」（containment）政策，在 1947 年 7 月《外交事務》（*Foreign Affairs*）季刊中，美國學者肯南（George Kennan）發表〈蘇聯行動的根源〉，這份文章後來成為美國戰後「圍堵政策」的理論依據與戰略框架，在戰後影響美國外交和國際關係長達半世紀之久。[3]

如季辛吉（Henry Kissinger）所言：「似乎是某種自然定律，每一世紀總是會出現一個有實力、有意志力與道德的國家，欲根據自身的價值觀來塑造整個國際體系」。[4] 但是權力平衡往往只是解決當前的問題，卻又製造了另一個問題。就像 1945 年結束的第二次世界大戰所帶來的影響：為消除制衡德國權力而產生的「德國問題」，卻付出了創造「蘇聯問題」的代價，並揭開全球政治與戰爭的序幕，型塑新的全球地緣政治與地緣戰略。故當吾輩重構 1950 年代冷戰圖像，就是反思與重估是否又一個冷戰的來臨？

貳、重構 1950 年代世界政局發展

在歐洲部分，1949 年 4 月 4 日，美國、加拿大、法國等 26 國在華盛頓簽署了一份《北大西洋公約》，決定成立「北大西洋公約組織」（North Atlantic Treaty Organization, NATO），簡稱北約，希臘、土耳其於 1952 年加入，西德於 1955 年加入該組織。北大西洋公約的目標，是藉由政治和軍事的手段，保障會員國的自由和安全，北約是一個典型的集體防衛，所以有其假想敵與反同盟性質的另一組織出現，即「華沙公約組織」，對於北約的成立，蘇聯甚感不滿，乃集合東歐共黨國家，於 1955 年 5 月 14 日波蘭首都華沙簽訂《華沙公約》（Warsaw Pact），是蘇聯共產集團的軍事盟約，正式名稱為《友好合作互助條約》（Treaty of Friendship, Cooperation and Mutual Assistance），參加條約簽字的國家，包括阿爾巴尼亞、保加利亞、匈牙利、東德、波蘭等東歐國家，而東歐共產國家在這個條約基礎上所結成的聯盟，稱華沙公約組織。

在亞洲部分，1949 年 8 月 5 日，美國國務院發表《美國與中國的關係》白皮書，以及 Dean Acheson 國務卿給杜魯門總統的信，公開承認美國對華政策的失敗，標誌著美國開始從中國問題脫身。為了交換蘇俄對日本作戰，美國與俄國簽訂雅爾達條約，

---

2. 1946 年邱吉爾訪問美國時，發表著名的「鐵幕言論」：從波羅的海到亞得里亞海一幅橫貫歐洲大陸的鐵幕（共產黨）已落下，英美必須聯合起來對抗蘇聯。
3. George Kennan, *American Diplomacy: 1900-1950*, New York: New American Library, 1951.
4. 林添貴、顧淑馨合譯，季辛吉原著，《大外交》（台北：智庫文化，1998 年）。

而在戰後國共內戰中，馬歇爾調停失敗，之後雖有《魏德邁報告》（Wedemeyer Reports）建議美國大力援助國民政府，但未被重視。1949 年 8 月美國國務院於發表對華政策白皮書，詳細說明第二次大戰後協助國民政府的經過，馬歇爾和魏德邁的使命也詳細交待。美國發表此一白皮書的主要目的在強調美國已對戰後中國的情勢盡力了，中國問題應由中國政府自己負責。

在全球危機部分，1950 年 6 月 25 日，韓戰爆發，它既是內戰，也是一場國際戰爭。中國共產黨以防禦東北國境安全，並在維護與蘇聯關係的考慮之下，組織「抗美援朝志願軍」；另一方面，聯軍統帥麥克阿瑟（Douglas MacArthur）與杜魯門總統為不同意見而爭執，1952 年戰爭陷入僵局，直到 1953 美國新任總統艾森豪以嚴重口吻警告，並考慮動用核武，同年 3 月，史達林去世，各方在 1953 年 7 月 27 日板門店簽訂停戰協定，結束韓戰。[5] 在中東部分，則引發了第二次中東危機，俗稱的「蘇伊士運河危機」（Suez Crisis）、西奈半島戰役，是發生於 1956 年在埃及的國際武裝衝突。主要是埃及新上任的政府有意將蘇伊士運河收歸國有，引起長期擁有運河股權的英法兩國不滿，英法聯合以色列與埃及爆發戰爭；對於英法此次出兵，被美國視為帝國主義的侵略，由於時間正處於美國拉攏第三世界國家時機，引起美國與英法的決裂，美國甚至在國際上公開拋售英鎊，讓英鎊貶值，並要求國際貨幣基金禁止援助英國。[6]

在歐洲則是出現了代理人戰爭，引發第二次柏林危機，1958-1960 年蘇聯斷絕了柏林到西德的路上交通，並關閉邊境，想要逼

使西方國家退出柏林，蘇聯明確的是要把柏林問題當成一種槓桿原理，以防止德國力量的壯大，尤其不想讓西德復甦的太快，以免強大而干涉東德的崛起，因為在這種權力的對比下，若是西德無法從戰後廢墟中站起，東德可能第一時間內就會竄升；相反地，若是西德干預到東德的發展，那將是一項重大影響，可能會導致東德的垮台，與引發全面性的戰爭。

　　最後在經濟部分，則是成立了歐洲合作的機制，邁進歐洲一統的開端。1951年4月，德、法、義、荷、比、盧6國代表在巴黎簽訂《歐洲煤鋼共同體條約》（European Coal and Steel Community, ECSC）；1957年3月，6國另於羅馬簽訂《歐洲經濟共同體條約》（European Economic Community, EEC）與《歐洲原子能共同體條約》（European Atomic Energy, Euratom），兩者合稱《羅馬條約》，最後6國於1965年4月8日簽署《布魯塞爾條約》（Brussels Treaty），又稱《合併條約》，並於1967年7月1日生效，至此，將歐洲煤鋼共同體、歐洲經濟共同體與歐洲原子能共同體的立法、行政執行機構合併，合稱「歐洲共同體」（European Community, EC）。

5　郭廷以，《近代中國史綱》（香港：香港中文大學出版社，1980年）。
6.　蔡育岱，《近代中西外交史》（台北：鼎茂出版社，2012年）。

參、有關 1950 年冷戰形成之觀點 [7]

　　德國在 1941 年 6 月 22 日入侵蘇聯是歐洲與世界歷史的轉捩點。這象徵戰爭已邁向結束，以及未來戰爭勝利者將主宰歐洲大陸與美國一同競逐全球事務。當時對於英國與美國的政治菁英而言，主要目標是贏得戰爭，其他的問題則是次要，儘管憂心蘇聯的集權、獨裁政體，雙方在意識型態、宗教、文化上的差異，但相較於德國納粹的威脅，與蘇聯的合作是必要也是值得冒險的。當時美國總體經濟優勝於蘇聯，加上美國在研究核子武器的曼哈頓計畫（Manhattan Project）進展順利，具有未來戰力的優勢，使得羅斯福認為與蘇聯建立友善關係和讓步是必要。

　　有別於一般正統學派將冷戰形成的原因歸咎於蘇聯的共產赤化，羅斯福與其幕僚對於情勢的誤判（misjudged），過份低估蘇聯擴張政策的野心。修正主義學派觀點則主張蘇聯不應該為冷戰的形成負責，強調美國總統杜魯門的外交政策是導致兩大勢力對峙的主要因素。二戰之後的蘇聯，不論在人員、物質、經濟皆遭受大規模的毀滅，相較於國民所得、經濟與核武皆優勢的美國圍堵下，為了自身的生存、安全設想，防止德國再度崛起，聯合「非反蘇聯」的國家，既是目標也是手段，造就了兩大集團權力平衡的形成。另外，美國自由貿易市場繼承資本主義開放性政策，在南歐、東南歐、拉丁美洲等擴張市場，追求「世界開放」的貿易政策，早與社會主義革命路線的蘇聯無法相容忍，這早在馬歇爾計畫的實行之前，就已經埋下在經濟與意識型態的衝突，注定雙方遲早的攤牌行動。

從歷史上的對抗、霸權的興衰表示，國際體系的轉換過程，行為者的更迭似乎具有一種「長週期」（long-cycle）模式。[8] 以西洋近代史的劃分，與我們較具有影響與意義的分隔係屬：三十年戰爭後的歐洲（1610-1648）、拿破崙帝國下的歐洲（1792-1815）、十九世紀統一後的德意志帝國（1871-1914）、二戰前的德日兩國（1933-1945）、冷戰美蘇兩極體系（1945-1991），以及後冷戰的單一超強美國時期（2001-2025），在在凸顯了霸權興衰的移轉歷程。這種權力平衡的冷戰，是一種「亦戰亦和」的恐怖平衡現象，但是1950年的冷戰更是像空氣中冷澀令人窒息的氛圍，這是由於美蘇兩大集團的意識型態對峙結果，在長達50年的美蘇激烈鬥爭中，沒有發生第三次世界大戰，因為核子武器的關係，徹底改變戰爭的本質，杰維斯（Robert Jervis）指出「嚇阻」（deterrence）一詞是核子時代的產物。而且冷戰衍生的「嚇阻理論」（theories of deterrence），則是美國國際關係中最有影響的一種理論，這或許是因為大多數美國學者都接受現實主義理論，因此較易接受嚇阻理論。這種因為核武而僵持的年代，潛伏著無窮的危機，漫漫長夜，人民生活是不安與恐懼。

---

7. Martin McCauley, *Origins of the Cold War,* 1941-1949 (London: Longman, 2003).
8. Christopher Chase-Dunn and E. N. Anderson, eds. *The Historical Evolution of World Systems* (London: Palgrave, 2005).

肆、1950 年冷戰帶來的啟示：又一個冷戰來臨？

由於國際政治權力乃集中於少數國家之手，而戰爭則源自體系內主要國家間綜合國力之差異、成長速度之快慢及對現況之滿足程度。敵對的國家或集團的政治、經濟、軍事等綜合實力呈現均勢時，戰爭的機率會增加；雙方實力呈現明顯差距時戰爭的可能性降低。發動戰爭者通常為綜合國力較弱但不滿於現狀者，而綜合國力則取決於人口之多寡、政治效率和經濟發展。當一國綜合國力不斷提升而逐漸具備對國際現況表達不滿的實力，最終將成為現有霸權的挑戰者。[9] 這是另一種「權力移轉理論」（Power transition theory）觀點，如此來用以說明目前中美對峙的現狀，以及當年 19 世紀末和 20 世紀初的德日戰爭行為。

1950 年後，美國晉升為世界一流超級強權，直到如今仍然維持其領先地位，美國對歐洲的影響，即使進入 21 世紀，透過北約來涉入歐洲安全事務的情勢仍然存在。而這也是 2022 年 2 月俄羅斯入侵烏克蘭的遠端結構因素，即 NATO 的東擴危及了俄羅斯的生存問題。[10] 惟令人擔憂的是，一旦戰爭尾聲讓「正義無法伸張」、侵略者無法苛責，那歐洲國家即將陷入 1920-1930 年軍備競賽的危機，如此歐洲就有可能重演 1950 年進入另一個冷戰之前的衝突。

---

9. A. F. Kenneth Organski and Jacek Kugler, *War Ledger* (Chicago: University of Chicago Press, 1980)
10. 米爾斯海默（John J. Mearsheimer）歸咎北大西洋公約組織的擴張是俄羅斯入侵烏克蘭的源頭，2014 年俄羅斯自烏克蘭奪取克里米亞時，就批判歐美國家政府刻意忽視俄羅斯的不安與核心利益。

島鏈理論的「安全化」分析

黃義杰／荷蘭萊頓大學國際關係研究助理教授

壹、序言

在冷戰期間，亞太地區成為全球權力爭奪的主要戰場。為了維持對該地區的控制和主導地位，美國及其盟友制定了防禦性島鏈戰略（archipelagic defense）。這些島鏈橫跨太平洋，形成了重要的海上邊界和防禦線。冷戰結束後，圍繞島鏈理論的討論逐漸減少。然而，近年來，隨著亞太地區地緣政治競爭的加劇，特別是中國的崛起和擴張，島鏈理論再次受到關注。中國在南海和東海的軍事行動引起了鄰國和全球大國的關注。島鏈理論被重新審視，以對抗中國日益增長的影響力。台灣對島鏈理論的支持和推廣主要來自於其戰略位置的安全需求、與美國的聯盟關係、地區安全合作的願望以及提升國際地位的戰略。然而，從哥本哈根學派（the Copenhagen School）的角度來看，支持和鼓吹島鏈理論可能會引發一些潛在的問題和挑戰，需要台灣謹慎應對。本文認為，哥本哈根學派為台灣在島鏈理論中的「安全化」（Securitisation）現象提供了獨特的見解，這與傳統安全理論有顯著不同。哥本哈根學派通過「安全化」作為語言行為的概念，強調了問題如何通過話語被轉化為安全問題。在台灣的情況下，該理論展示了台灣如何從一個可能在戰略上不太重要的地點，變成了島鏈論述中的關鍵點。哥本哈根學派的學者認為這種轉變是有問題的。他們主張，應該將精力集中在「去安全化」（de-securitisation）上，即將

這些問題從緊急政治領域中移除，通過正常的政治過程來解決。

貳、島鏈理論

在冷戰期間，亞太地區成為全球權力爭奪的關鍵戰場。為了維持對該地區的控制，美國及其盟友制定了防禦性島鏈策略，分為第一、第二和偶爾包括的第三島鏈。這些島鏈橫跨太平洋，形成重要的海上邊界和防線。第一島鏈從日本列島經台灣延伸至菲律賓和印尼群島，包括主要陸地和海上咽喉要道，是抵禦蘇聯進入太平洋的前沿防線。第二島鏈延伸至太平洋，包括關島、巴布亞新幾內亞和澳大利亞部分地區。這一島鏈擴大了美國的戰略縱深，創造了更廣泛的緩衝區，增強了美國的投射力量和戰略優勢。第三島鏈涵蓋從阿拉斯加、經阿留申群島至中太平洋的島嶼，如美屬薩摩亞，提供了額外的防禦層和作戰靈活性，使美國能夠應對遠離本土的威脅，強調了維持強大且多層次防禦網絡的重要性。

島鏈策略源自 1947 年至 1952 年間美國制定的圍堵戰略，旨在應對蘇聯和共產主義的擴張。第二次世界大戰後，全球權力分布發生轉變，蘇聯成為對西方利益的重大威脅。為了防止共產主義擴散，美國試圖在全球建立一系列聯盟和防禦線，包括在歐洲成立北大西洋公約組織（即北約）。在亞洲，隨著 1949 年中國共產黨的崛起和蘇聯勢力的持續擴散，局勢變得更加複雜。作為回應，1950 年，美國務卿艾奇遜（Dean Gooderham Acheson）提出了

第一島鏈（First island chain）的概念，形成了一條從阿留申群島經日本和沖繩到菲律賓的防禦線。最初，第一島鏈排除了韓國和台灣，重點在於創建一個可以遏制蘇聯影響並防止其進入太平洋的屏障。1950年韓戰爆發後，台灣和韓國的戰略重要性變得明顯。兩地被重新納入美國的防禦圈，標誌著美國戰略的重大轉變。艾奇遜的繼任者約翰・福斯特・杜勒斯（John Foster Dulles）在此基礎上進一步發展，將其擴展為全面的島鏈戰略，旨在遏制蘇聯領導的共產主義集團。台灣的納入尤為重要，因其在第一島鏈中的中心位置，能控制東海和南海的海上通道，便於通往第二島鏈，從而擴展了美國在太平洋的戰略觸角。

在冷戰結束後，島鏈論述漸漸消沉，然而在最近幾年，這一理論逐漸復甦，再度成為諸多國際時局分析的焦點。全球地緣政治發生重大轉變，大國之間的競爭加劇，在亞太地區尤其顯著，加上中國的崛起和擴張行動，促使各國重新審視島鏈策略的重要性。中國作為一個經濟和軍事力量快速崛起的大國，加上其在南海和東海的強勢作為，引起了鄰近國家和既有強權國家的警覺。中國在爭議海域建造人工島嶼、將存在主權爭議的領土施以軍事化建設，以及發表擴張性的海洋主張，被視為對現有國際秩序的直接挑戰。作為對上述中國諸項行為的回應，島鏈理論被重新提倡與審視，用以對抗中國日益增長的影響力和擴張野心的戰略框架。美國及其盟國再度將島鏈視為重要的防線，認為其有助於遏制中國的擴張，能確保各國在這些重要海域的航行自由。

此外，地區合作和聯盟關係的加強在島鏈理論的回歸與重啟

中也發揮了關鍵作用。面對中國的崛起和不斷變化的地區安全局勢，亞太地區的國家，特別是美國的盟國如日本、韓國和菲律賓，皆致力於加強彼此之間的聯繫以及與美國的戰略合作。重新關注島鏈理論有助於推動這一進程，並且有助於這些國家建立一個共同的戰略目標與合作防禦聯盟的框架。這些盟國透過加強合作，確保了彼此在地區安全事務方面能順利協調並統一應對，使潛在對手難以利用他們之間既存的分歧和既有弱點進行分化而瓦解聯盟。再者，科技的進步和軍事現代化亦顯著影響了島嶼地區的戰略功能之提升。新型軍事技術的發展，如先進的導彈系統、無人機和複雜的監視設備，增加了某些島嶼位置的戰略價值。這些技術的提升，使得情報、監視和偵察（ISR）行動更加有效，並且增進了島嶼防禦和攻擊能力。在這之中，某些島嶼的位置對於維持區域安全和軍事力量的投射更為關鍵。島鏈理論將這些技術發展納入其戰略規劃中，確保先進軍事資產的部署和利用能獲得最佳效果，以保護和維繫區域穩定。

總而言之，島鏈理論在本世紀的復甦和再受重用是由地緣政治與大國競爭加劇、地區安全所面臨的挑戰發生轉變、加上區域聯盟強化和軍事科技技術進步等多種因素共同驅動的。這些因素共同強調了島鏈作為維持亞太地區安全和穩定的戰略資產的重要性。通過提供一個應對傳統和非傳統安全威脅的全面框架，島鏈理論仍然是美國及其區域盟國在戰略規劃和安全政策制定中的焦點。

參、島鏈理論既有研究與後結構主義的批判

島鏈戰略是國際關係和安全研究中的一個重要議題，特別是針對亞太地區的地緣政治和軍事戰略。關於島鏈戰略的學術研究主要集中在幾個關鍵領域：地緣政治分析、軍事戰略研究、歷史研究、政策分析以及中國對外關係與戰略。

首先，在地緣政治分析領域，主要以探討島鏈戰略在當前亞太地區安全格局中的重要性為主，尤其聚焦在美中競爭的背景下島鏈戰略之應用與效果。研究者們考察了島鏈戰略如何影響區域平衡、權力投射和海上領域的控制。這些分析深入探討了島鏈對於維持關鍵航道暢通和海上咽喉要道中立的戰略重要性，而這些航道對相關國家的安全和經濟利益至關重要，更凸顯島鏈的價值。其次，從軍事戰略研究角度切入的研究者主要關注島鏈戰略的運作層面，包括軍事基地的部署、海空力量的運用，以及這些戰略部署如何增強區域防禦能力。此類研究強調這些島鏈上的軍事設施如何通過先進技術和現代化作戰戰術，提升監視、偵察和快速反應的效果，從而優化這些軍事據點的效能。在歷史研究方面，學者們追溯了島鏈概念的起源和演變，提供了從冷戰時期到當代的全面概述。這些研究考察了島鏈戰略發展背後的戰略思維和國際關係動態，包括1950年代首次提出的第一島鏈概念，旨在建立一個阻止蘇聯進入太平洋的防禦屏障，以及隨後發展出來的第二島鏈設計，進一步強化了戰略深度。而從政策分析的角度關注島鏈戰略對美國及其盟友政策制定之影響者，其研究聚焦於如何通過這一戰略來應對日益複雜的安全性挑戰，包括對盟國安全

承諾的評估和策略合作的深化。這些研究還分析了島鏈戰略如何影響外交關係和防禦政策,從而塑造亞太地區的區域安全架構。

然而,後結構主義在分析上述問題時,對島鏈論述提出迥然不同的詮釋,並揭示其中不可避免的美國中心主義以及該理論作為一種自我實現預言(self-fulling prophecy)的論述之面向。首先,後結構主義對地緣政治背景的批判主要圍繞在權力、意識形態和文化的觀點之間的交互作用,強調知識生產過程中的偏見和隱含的權力關係。後結構主義者通常呼籲對知識和權力進行批判性思考,以更深入地理解地緣政治的複雜性和多樣性。因此,後結構主義的系譜學分析將島鏈論述的理論發展脈絡置於歷史、社會和政治結構中,並揭露語言和符號系統等因素如何對理論施加影響,進一步揭示理論的根源和演變過程。這種分析強調理論觀念的成形與流行,事實上受到社會和政治權力結構的影響甚深,並展示這些被認為是普世而恆久存在的觀念如何隨著時間推移而演化。

此外,後結構主義強調知識和權力的相互構築關係,指出權力關係對於知識產出和傳播深具影響。在島鏈論述中,美國作為冷戰時期的主要參與者,提出並推廣了島鏈概念,可說是其對於地區戰略布局的一部分,並在島鏈概念傳播的過程中,施加權力和影響力,驅動島鏈概念的普及化。這種推廣可以看作是美國地緣戰略的延伸,美國利用其主導地位來界義區域的戰略框架。通過此作為,不僅塑造了美國所期望的戰略景觀,也影響了區域內其他國家的戰略思維和行動。這表明美國有能力以符合其地緣

政治利益的方式來生產和傳播知識，建立支持其戰略目標的論述體系。

關於語言和符號系統的作用，後結構主義關注這些系統在意義和權力建構中的作用。在島鏈論述中，第一島鏈和第二島鏈等術語不僅是地緣政治現實的反映，更代表了意識形態和符號語言的運用。這些術語將複雜的戰略和政治概念濃縮成易於理解的論述，用以鼓動行為者支持特定的地緣政治議程（geopolitical agenda）。通過使用這樣的術語，美國闡明了其戰略願景，並使其在亞太地區的軍事存在和干預合理與合法化。這種論述的操作形塑了區域戰略的普遍認知，通過強調威脅的存在和正當化相應的防禦措施，從而影響國際關係的語境。

在這樣的脈絡下，探究島鏈論述的起源，可以發現它主要是從美國的地緣政治利益和戰略需求出發，因此其內在核心價值是美國中心主義。美國中心主義指的是一種所有策略目標皆以美國利益和觀點為優先考量的政策制訂取向。由於該理論主要源自美國的地緣政治利益和戰略需求，隨著時間推進加以主導者施加權力的影響，發展成美國對亞太地區的主導和控制，並且被區域內其他行為者所接受並賦予正當性。在此前提下，島鏈論述很可能忽略其他國家甚至其他地區的利益和觀點，更可能導致地區的安全和穩定出現不平衡。

具體而言，美國中心主義表現在幾個方面。首先，島鏈論述將特定地區的島嶼結構視為美國的戰略防線，強調美國在亞太地區的地緣政治利益。這種觀點使得美國的地緣政治利益成為該

地區內國際政治發生變化的主導因素,並且容易被解讀為地區霸權主義的體現。這種觀點可能引發其他國家對美國在該地區進行壟斷和擴張影響力的反對與擔憂。例如,中國可能將島鏈戰略視為美國遏制其崛起的手段,導致中美之間的戰略對抗加劇,進一步加深地區緊張局勢。其次,島鏈論述可能忽視了其他亞太地區國家的利益和主張,特別是在該地區原本即存在競爭和爭端的情況下,島鏈論述將美國的地緣政治利益置於首位,而次級化其他亞太地區國家的利益和主張,導致區域內成員之間的緊張和衝突升級的可能性劇增。與此同時,對於區域內成員利益與主張的忽視,亦可能導致部分國家感到被孤立甚至受威脅,進而激化它們採取對抗性措施,更增加區域的不安全與不穩定。再者,美國中心主義可能排斥其他國家提倡的區域安全機制和爭端解決方案,從根本上阻礙區域成員自主建立與發展區域安全框架。例如,美國在亞太地區推動島鏈論述,即可能妨礙東南亞國家國協(簡稱東協)等區域組織發展與發揮其應有作用,削弱其推動多邊合作與和平解決衝突的努力,進而降低東協提倡的區域安全架構之整體有效性。

總之,後結構主義的分析揭示了島鏈論述所潛藏的美國中心主義問題,強調需要從更廣泛和多元的視角來理解和解決亞太地區的地緣政治挑戰。這種分析提醒我們在制定和評估戰略時,應該充分考慮所有相關成員的利益和觀點,以真正促進區域的和平與穩定,並通過融合多元觀點的途徑,解決美國中心主義所製造的偏見,以尋求對區域安全和國際關係之平衡更為有效也更能真

正包容與兼顧的方法。

而在後結構主義之中，哥本哈根學派是最被廣泛應用的理論之一。哥本哈根學派通過安全化的概念，批評島鏈論述作為一種語言行為，將像台灣海峽這樣原本即存在爭端的區域進行安全化，並通過將台灣框定為防禦潛在區域威脅的關鍵節點，讓島鏈論述提升了自身的戰略重要性。其結果可能加劇台灣周邊區域的軍事化衝突和升級政治緊張，並大幅縮減將問題投以外交途徑來解決和爭端各方和平接觸的空間。

哥本哈根學派理論的核心是「安全化」的概念。其理論主張，通過話語實踐，非傳統安全問題可以轉變為重大安全議題。政治領袖可以通過他們的言辭塑造公共認知，將移民、氣候變化或經濟危機等問題框定為對國家安全的重大威脅，從而取得處理這些問題的正當性權力。哥本哈根學派認為，這種話語的力量不僅在於構建社會現實，還在於塑造政治議題的優先排序和操控資源分配的正當性。通過對特定議題安全化的手段，政治行動者可以繞過正常的政治程序，獲得對問題的控制權和政治資本。與此相對應的是「去安全化」的過程，哥本哈根學派也深入探討了這一過程。

去安全化涉及將問題從安全領域中移除，重新交由常規的政治機制處理。這一過程旨在逆轉安全化的語境，降低某些問題的政治緊迫性，促進開放和包容的政策辯論。去安全化是哥本哈根學派理論框架中的關鍵補充，因其倡導將問題正常化，回歸常規政治機制與真正合理且合法的治理模式。去安全化過程中，問題

會被重新框定，使其不再被視為具急迫性的安全威脅，而是可以通過日常政治進程解決的挑戰。例如，一個國家可能將移民問題安全化，將其描繪為對社會穩定和文化身份的威脅，而去安全化則意味著將移民問題重新框定為經濟或多元文化相互融合過程中發生的問題，鼓勵施政者通過對話、政策制定和包容性策略來解決，而不是通過安全化措施以強制性甚至壓迫手段來處理問題。

換言之，哥本哈根學派將去安全化視為一個積極且建設性的過程，這能促進一個更加民主和開放的政治環境的產生和維繫，減少國家對特定問題或群體的壓制。這一過程需要時間，亦需要廣泛的社會參與，包括政策制定者、學術界、媒體和公民社會都需要共同努力。去安全化旨在減少對特定議題的特殊處理，將其整合到正常的政治話語和政策制定過程之中。去安全化的理論意義在於其對抗政治話語中刻意製造的恐慌和激發訊息接收者過度反應的策略，強調推動更理性和平衡的公共政策與衝突解決方式。這一觀點凸顯了話語在安全研究與政策制定領域中的力量，提出通過解構安全敘事來實現安全問題的民主化和正常化。整體而言，哥本哈根學派挑戰了傳統安全理論的基礎假設，鼓勵行為者對安全話語進行深入的批判和反思。

肆、哥本哈根學派對於台灣「安全」的詮釋

幾年來，台灣內部對於島鏈論述的討論愈加廣泛且深入，島鏈概念也成為國內外學者、媒體和政策制定者關注的焦點。隨著中國在亞太地區軍事和經濟影響力的迅速擴張，台灣在島鏈戰略

中的地位被重新審視。第一島鏈，包括日本、台灣、菲律賓和印尼等地，被視為阻止中國進一步擴張的前沿防線。台灣位於第一島鏈的中心位置，其戰略重要性在島鏈理論所構築的政治語境中日益凸顯。

　　首先，台灣政府和軍事領導人頻繁討論島鏈理論，用以強化其國防策略和安全政策的正當性。這些討論不僅涉及如何鞏固現有防禦設施，還包括如何加強與美國和其他盟國的軍事合作。台灣的國防政策文件和軍事演習中，也越來越多地引用島鏈理論來說明其戰略佈局。例如，最近的軍事演習模擬了涉及關鍵海上咽喉要道防禦和快速應對潛在威脅的情景，這反映了維持對這些戰略地區的有效控制的重要性。其次，台灣的學術界對島鏈論述展開了深入研究，分析其歷史背景、現實意義及未來發展。研究者們探討了台灣在第一島鏈中的角色及其對區域安全的影響，並提出了多種可能的應對策略。這些研究成果發表在著名的學術期刊上，並在國際學術會議上與各國學者針對島鏈的議題進行交流，提升了台灣學術界在國際安全研究領域的影響力。學者們還考察了島鏈概念的歷史演變，追溯其起源至冷戰初期及其後來適應當代地緣政治挑戰的過程。

　　再者，台灣的媒體對島鏈理論進行了大量報導和分析，促進了公共輿論對此議題的關注。新聞報導、專題節目和評論文章經常探討台灣在島鏈中的戰略地位，以及位居島鏈戰略要點要如何應對中國的軍事威脅等議題。這些媒體的討論與分析，進一步加深了公眾對島鏈理論的理解與接受，也增強了民眾的國防意識和

賦予島鏈論述正當化的意涵。而電視紀錄片和相關調查報導則強調了台灣地理位置的戰略價值，展示其在維護區域穩定和安全方面的關鍵作用。最後，台灣在島鏈理論中的地位也引起國際社會的關注。美國和日本等盟國加強與台灣的軍事合作和戰略對話，並在區域安全政策中提升台灣的角色。高層軍事交流、聯合演習和戰略對話變得更加頻繁，在在強調台灣在亞太地區安全架構中的重要性。這些國際互動進一步強化了台灣在島鏈戰略中的關鍵地位，甚至促使美國的盟邦公開重申對台灣防務的重視和安全的承諾。

而台灣自身確實也存在支持與推銷島鏈理論的理由，且這些理由有其細緻性與戰略性。首先，台灣在亞太地區的戰略位置極其重要，處於地緣政治和安全布局的熱點，特別是來自中國持續施加的軍事威脅和壓力，這些日益加劇的緊張局勢和對強大防禦策略的需求，使得台灣對於區域安全格局的變化保持高度警惕。島鏈理論的出台，通過其結構化的區域戰略規劃與實踐框架，為台灣提供更清晰理解和更積極應對前述挑戰的方法。這一框架通過界定防禦邊界和促進與盟友的協同防禦，對於確保台灣的國家安全和周邊環境穩定至關重要。其次，台灣與美國保持著緊密且多層面的聯盟關係，涵蓋政治、經濟和安全領域的深度合作。作為關鍵的安全合作夥伴，台灣支持和鼓吹島鏈理論也是一種對美國承諾建立安全聯盟的體現。這種支持強調了雙方對區域穩定的共同關切和相互防禦的利益；通過支持島鏈理論，台灣不僅鞏固了與美國的戰略合作，也將自身融入美國在亞太地區建立的安全

框架之中。

　　再者,島鏈理論還強調了區域合作和聯盟關係的重要性,倡導加強各國之間的合作,以共同應對區域安全挑戰。台灣認識到這種合作的價值,並通過支持島鏈理論來推動區域安全合作,從而加強與鄰國的合作關係,形成共同維護區域和平與穩定的聯合力量。透過這樣的合作,台灣不僅能夠提升自身的防禦能力,還能為集體安全機制的建立做出貢獻。此外,支持和鼓吹島鏈理論能顯著提升台灣在國際社會中的地位和影響力。通過積極參與區域安全對話,表達對區域穩定的關注,台灣能夠增加自身在國際事務中的能見度和擴大參與區域治理的話語權。這種積極的姿態不僅提高了台灣的國際形象,也強化了其在區域安全動態中的關鍵角色。通過這一方法,台灣可以獲得更大的國際支持和認可,進一步提升其國際地位。

　　總體而言,島鏈理論在台灣的廣泛傳播主要是基於傳統安全的需求所驅動,前述觀點所點出的台灣的國家安全與政治需求,終究是著重以國家為中心和以軍事為重點的安全策略。這種傳統觀點突出了領土防禦、軍事同盟和戰略威懾的重要性,這些需求也都與島鏈理論的主張高度契合。由於台灣面臨獨特的安全挑戰和不斷遭受威脅的環境,這種安全論述的典範在台灣內部引起了強烈共鳴。然而,從哥本哈根學派的角度來看,支持和鼓吹島鏈論述可能會引發甚至激化一系列潛在的問題和挑戰,是台灣需要謹慎應對的。

　　從哥本哈根學派的觀點來看,如果台灣過於依賴和鼓吹島鏈

論述，它可能會深陷於由其他國家所主導的地緣政治框架中，特別是像美國這樣的主要大國更是關鍵主導者。深陷大國所設定的戰略框架，可能將迫使台灣在區域事務中扮演特定而通常是次要的角色，不論國家利益的捍衛或國家安全的防衛都只能交由這些大國決定。一旦國家利益所仰賴的戰略安全框架皆由外部力量主導，台灣可能會失去對自身安全和戰略利益的自主控制權。這樣的情況會削弱台灣的主權，也會弱化其做出最有益於國家利益相關決策的能力。其次，支持島鏈論述可能會引發外部勢力的干涉和影響，特別是那些視台灣為其廣義地緣戰略布局重要棋子的國家。這些外部勢力可能會對台灣提出各種要求，從安全合作、軍事援助到對特定外交政策立場的配合。如果台灣被視為美中競爭背景下大國戰略對峙的棋子，其主權和政治自主性很可能遭受到損害。這種干涉可能會使台灣的內部政治環境不穩定，挑戰其主權權利，從而影響其政治穩定和國際地位。

　　此外，過度追隨與推崇島鏈論述可能會對台灣的主權空間造成限制。在國際合作和聯盟背景下，台灣可能需要遵從更強大盟友的利益需求和戰略要求，這可能會限制其自主決策的空間，甚至減弱其戰略規劃能力。且這種對強大盟友的依賴性可能侵蝕台灣的決策權，迫使其以符合盟友戰略利益的方式行事，而非其自身的國家利益的考量。再者，過度強調島鏈論述中固有的區域地緣政治競爭和軍事對抗景況，可能加劇區域緊張局勢，增加衝突爆發和戰爭升級的風險。對於台灣來說，這意味著在任何潛在的區域衝突中，它都處於前線位置，從而必須承受來自像中國這樣

的對手更多的軍事和政治壓力。這種高風險環境將進一步削弱台灣在管理自身安全事務上的自主性和主導地位，不利於其保障國家利益和捍衛國家安全。

總體來說，儘管島鏈論述可能為台灣的防禦和安全提供一個現成而流行的戰略框架，但它也很可能使台灣陷入由其他國家主導的地緣政治架構中，導致其在區域事務中失去一定程度的掌控力和獨立性，最終影響其主權獨立和政策自主性。外部干涉的增加、主權與決策空間上的受限，以及區域緊張局勢的加劇，都對台灣構成了重大挑戰。因此，台灣必須審慎權衡完全接受島鏈論述的各種可能後果，尋求一個能夠維護其自主性和提升戰略利益的平衡點，同時對外協助區域內所有成員共同保障區域安全和穩定。這種謹慎的做法應包括全面性評估島鏈戰略的利與弊，確保台灣的國家利益在所有行動者的地緣政治考量中，始終處於核心位置。

第二篇

1960 年代：狂飆與反動
Back to the 1960s: Racing and Reaction

冷戰網絡中的島鏈視角：美國人在南台灣足跡

辛翠玲／中山大學政治經濟系教授

壹、引言：冷戰、島鏈與南台灣

　　冷戰期間，美國在島鏈戰略下，構築一系列海外軍事據點。此一戰略概念最早由美國國務卿杜勒斯在 1951 年提出，旨在打造一道從日本延伸到菲律賓的防禦線，以圍堵蘇聯、中國等共產主義國家。隨著 1950 年韓戰爆發和美國對台灣安全承諾的加強，台灣，特別是南台灣，因其位於東亞戰略要地，成為其中重要節點。美國對南台灣的影響不僅限於軍事層面，冷戰時期大規模的美援計畫，也將美國的文化、技術和生活方式帶入南台灣。本文將探討冷戰期間美國人在南台灣的足跡，從美軍駐守到美援的影響，以及這些冷戰遺產在今日的延續和轉變。

貳、美國人在南台灣：軍事駐守

　　1954 年 12 月 2 日簽訂的《中美共同防禦條約》正式確立台美軍事同盟，為美軍進駐台灣。隨後，美軍陸續駐紮南台灣，建立各種軍事設施。這些設施不僅是美國在亞太地區戰略佈局的一環，也直接關係著南台灣軍事基礎設施的建設與擴張。

　　美軍駐守南台灣，陸海空三軍皆有布局。在海軍方面，高雄港成為美軍重要的後勤基地，承載大量美軍軍艦的停靠與補給。

特別是在越戰期間（1955-1975年），高雄港扮演著美國海軍艦艇主要補給站的角色，也是美軍在東南亞的軍事行動的關鍵後備港。左營軍港則發展成為美軍在台灣的重要海軍基地，提供美國第七艦隊便利的停靠和維修設施。空軍方面，岡山和台南成為美軍空軍基地所在地。這些基地不僅停放了大量美軍戰機，還成為美軍進行偵察和軍事演習的重要基地。值得注意的是，台南機場在某個時期被美國用於貯放核原料，這一事實凸顯了台灣在美國核戰略中的重要地位。

　　美軍的駐守對南台灣產生了深遠的影響，不僅定位了南台灣在冷戰時期的戰略地位，也為地方經濟注入了新的活力。一方面，大量美軍士兵的到來，促進了當地商業的繁榮，特別是餐飲、娛樂和服務行業的興起。除了派駐台灣的美軍之外，越戰期間，更有不少自越南戰場來台休假、療養的美軍。美軍出入的熱門地點，例如，在高雄市區靠近港口的七賢三路附近，出現了大量專門服務美軍的商店、酒吧和餐廳。這些商業設施不僅為當地創造了就業機會，也帶動了周邊地區的經濟發展。另一方面，美軍基地意外地成為文化交流的樞紐。美式生活方式通過這些商業設施被引入當時相對保守的南台灣民間社會，成為當地居民接觸美國文化的重要窗口。從飲食到音樂，南台灣的城市生活逐漸融入了美國元素。例如，漢堡、可樂等美式食品開始在當地流行，搖滾音樂也通過美軍俱樂部傳入台灣。

　　隨著美軍與在地居民之間的接觸增加，各種形式的語言和文化交流也隨之增多。不少美軍士兵與台灣人建立起友誼，甚至有

美軍與當地女性交往、結婚，形成跨國婚姻家庭之例。這些互動不僅促進了文化交流，也為當地社會帶來了新的思想和生活方式。美軍帶來的娛樂文化對南台灣的影響尤為明顯。美式電影、音樂和體育活動逐漸被引入當地人的日常生活。特別值得一提的是，南台灣的棒球運動在美軍的影響下蓬勃發展。美軍棒球隊與當地隊伍經常舉辦友誼賽，這些活動不僅促進了棒球運動在台灣的普及，也讓棒球成為台灣最受歡迎的體育項目之一。

然而，需要注意的是，在雙方政經實力懸殊、但民風純樸的年代，美軍與當地居民的互動關係並不平等。但卻也為當地的社會民風植入了異質的文化元素。

參、美援在南台灣

除了軍事駐守之外，美國對南台灣的經濟與技術援助在冷戰期間也扮演了至關重要的角色。美國通過《農產品貿易發展暨援助法案》（俗稱《480公法》）為台灣提供了大量的農業與工業援助。這些援助項目涵蓋範圍廣泛，包括糧食、農業技術革新、機械設備和技術轉移等，對南台灣產生了全方位的影響。

冷戰期間，南台灣的工業化過程與美國的技術援助密不可分。美援總署派遣來台的技術專家和顧問，直接參與了台灣工業設施的規劃和建設。基礎設施建設：美國技術援助直接參與南台灣的基礎設施建設，特別是在電力、交通和能源等領域。例如，南部火力發電廠的建設就受惠於美援。高雄硫酸廠等重大工業設

施的建設也有美援的參與，為南台灣的化工業發展奠定基礎。

　　高雄加工出口區的設立也與美援有著密切的關係。成立於1960年代初期的高雄加工出口區，其規劃藍圖受惠於美援專家的技術指導。加工區的設立旨在吸引外資，促進台灣的出口導向型經濟發展。它不僅帶動了當地的就業，也為台灣的經濟起飛做出了重要貢獻。美援計畫中包括技術人員培訓項目等。這些知識的轉移有助台灣的工業化進程。

　　美援不僅參與南台灣的工業發展，也對於人們的日常生活有不同的影響。美國帶來的食品、工業產品和技術，逐漸滲透到南台灣的日常生活中。例如，麵包、罐頭食品等食品開始普及，給當地人新的飲食經驗。美援帶入的美式生活方式，成了南台灣社會對西方的想像窗口。美援也涉及教育和醫療領域。一些美國教會組織藉由分發美援物資、提供教育機會等方式，直接影響不少偏遠地區，特別是原住民部落的生活與信仰。部分學童因此首次接觸到英語教學和美國文化，這對他們的世界觀產生了深遠影響。

　　整體而言，冷戰期間的美國技術援助之於南台灣，不僅僅是經濟上的支援，也是異文化的展演，與技術和知識轉移的過程。南台灣在奠定工業基礎的過程中，美援扮演了不可或缺的角色。

肆、美國撤離與南台灣的自我發展

　　1970年代末期，隨著美國與中國大陸關係的改善，台美關係逐漸發生轉變。1971年，台灣失去在聯合國的席位，1979年，美

國與中華人民共和國正式建交,並與台灣斷交。這一系列的外交轉變,對台灣,尤其是美國在南台灣的軍事佈局產生重大影響。然而,同一時期南台灣逐漸從對美國援助的依賴,走向自我發展的新階段。

隨著國際大環境改變、美國對外政策的調整、美國與中國的外交接觸加深,美國逐漸撤離駐紮在台灣的軍事力量。美軍的撤出,特別是在南台灣的軍事基地,如高雄和左營,對當地的經濟和社會結構帶來了直接的影響。高雄港、左營軍港等地曾是美軍重要的後勤補給和軍事活動據點,隨著美軍的撤離,當地的商業活動,特別是依賴美軍消費的服務業,如酒吧、餐館和娛樂場所,快速沒落而被迫轉型。

美國轉向之後,南台灣的軍事設施逐漸轉型為台灣本地軍事的重點發展區域。左營軍港成為台灣海軍的重要基地,而高雄港則加強其作為貿易港口的角色。這種軍事設施的內部化,使台灣在美軍撤出後,依然能夠維持自身的國防力量,並且減少了對外來軍事支持的依賴。

沒有了美軍與美援之後,南台灣持續自我發展。自 1970 年代起,台灣政府積極推動經濟結構的轉型,特別是出口導向的工業政策,使南台灣成為台灣經濟增長的主要驅動力之一。美援支持下成立的高雄加工出口區,在此一過程發揮重要角色,吸引外資企業進駐南台灣,也是南部地區工業化深化的主力。

南台灣的企業和工廠藉由與美國、日本等國的貿易往來,累積強大的經濟活力。1970 年代末至 1980 年代初,在台灣政府與

企業一系列的改革下,工業技術水準提升,南台灣繼續成長,逐漸從傳統的勞動密集型產業,走入以資本和技術密集型產業為主的經濟體。

伍、結論

冷戰期間,美國在南台灣的軍事駐紮和經濟援助,對當地社會、經濟和軍事結構產生了不等程度的影響。這段歷史是南台灣現代化過程的一部份,也為後人理解冷戰時期的島鏈戰略提供不同的視角。

島鏈戰略讓南台灣被納入全球冷戰的戰略框架中,成為美國在亞太地區第一島鏈中的重要節點。這不僅提升了台灣在國際戰略中的地位,也為台灣提供了一定程度的安全保障。美軍的存在則為南台灣帶來深厚的文化和經濟變革,影響當地居民的生活方式和價值觀念。當然持平而論,美國出現在南台灣,意義正反皆具,特別是從社會與文化的主從地位角度看雙邊互動時,是頗為典型的第一世界與邊陲地帶經驗。

美國的經濟援助和技術合作則為當時正力求工業現代化的南台灣,提供不少助力。與美援關連密切的高雄加工出口區的設立是一個典型例子,此案是南台灣從一個傳統的農業地區轉變為現代化的工業中心的重要推手。這些基礎設施和技術轉移不僅提升了當地的經濟活力,也為台灣後續的自主發展積累了寶貴的經驗和資源。值得一提的是,美援對南台灣的工業與經濟發展雖有其

影響與意義，但並未使台灣因而依賴。美軍撤離後南台灣的成功轉型和持續發展是為例證。

於今，回顧這段過去時，仍可以看到冷戰時期美國在南台灣留下的足跡，以各種形式存在。無論是建築景觀、產業結構，還是在人們的生活方式中，皆不難找到這段歷史的痕跡。這些冷戰遺產不僅是歷史的見證，也是探索冷戰期間當代台灣社會發展的重要線索。

冷戰時期美國在南台灣的足跡，是一段複雜而深刻的歷史。它不僅塑造了南台灣的現代化進程，也為我們理解冷戰時期的國際關係和地緣政治提供了獨特的視角。一方面，在當前複雜多變的國際形勢下，南台灣在島鏈戰略中依然佔據重要地位。回顧冷戰時期的歷史經驗，能為我們思考當前的地緣政治挑戰提供有益的啟示。另一方面，南台灣與美國互動的經驗也是國際政治經濟研究的少見案例。這段歷史與經驗，值得進行更深入的研究和思考。

代理人戰爭、核武競賽與新興國家的挑戰

王宏仁／成功大學政治系教授

壹、前言

　　冷戰作為 20 世紀全球政治格局中的核心事件之一，不僅改變了世界主要強權之間的對抗模式，還深刻影響了全球各區域的政治、經濟和社會發展。起源於 1950 年代的冷戰，隨著代理人戰爭的擴張和核武競賽的升級，到了 1960 年代從區域（歐洲大陸）的安全對峙演變為進一步的全球緊張局勢。然而，冷戰的影響並不僅限於美蘇兩大超級強權的直接對抗，許多新興國家在冷戰的主軸線外，也面臨著選擇站隊或保持中立的壓力。本文將選取幾個在 1960 年代冷戰時期的代表性危機，同時也並陳出當時這些危機在第三世界國家的影響，以及對美國國內社會變革的深遠衝擊。

貳、冷戰擴張與代理人戰爭

一、朝鮮戰爭的影響

　　朝鮮戰爭（1950-1953 年）是冷戰初期最具代表性的代理人戰爭之一，並成為美蘇全球對抗的第一個重大熱點。這場戰爭直接導致朝鮮半島長期分裂，並在北緯 38 度線形成了明顯的冷戰對立前線，這條界線成為冷戰東亞的象徵之一。朝鮮戰爭展現了意識

形態之間的深層對抗,即美國代表的資本主義和蘇聯、中國代表的共產主義。戰爭爆發後,美國立即介入,並組建聯合國軍協助韓國抵抗朝鮮人民軍的攻勢,而中國在戰局關鍵時刻介入,進行了大量軍事干預,這使得戰爭進一步升級,從區域性衝突轉變為國際代理人戰爭。

這場戰爭不僅顯示了冷戰兩大陣營之間的激烈對抗,也強調了東亞在全球冷戰格局中的重要性。朝鮮戰爭對冷戰結構的意義在於它強化了兩大超級強權的對立,確立了朝鮮半島作為冷戰持續熱點的地位,並成為中國與美國之間最早的軍事對抗之一。戰爭結束後,半島的分裂仍然是冷戰結構下未能解決的歷史遺留問題,影響至今。從地緣政治角度看,朝鮮戰爭還促使美國進一步鞏固了與東亞盟友如日本和南韓的關係,強化了其在東亞的軍事存在,這種局勢影響持續至 21 世紀。

二、越南戰爭的影響

越南戰爭(1954-1975 年)作為冷戰期間另一場典型的代理人戰爭,其規模和影響甚至超越了朝鮮戰爭。這場戰爭是美國為阻止共產主義在東南亞蔓延而發動的持久戰,然而,隨著戰爭的延續,它成為了美國內部社會與政治的巨大裂痕。美國試圖透過軍事介入支持南越政府,以防止北越共產政權的擴張,但戰爭的激烈性和漫長性超出預期。美國內部的反戰運動不斷壯大,學生運動、示威遊行和媒體報導的反戰情緒加劇了國內社會的分裂。

越南戰爭還顯示了代理人戰爭對國際關係的深遠影響。隨著

美國逐漸陷入戰爭泥沼，國際社會對美國在越南的戰略提出了廣泛質疑。1973年，尼克森政府簽署了《巴黎和平協議》，美軍開始撤離越南，這標誌著美國對越南戰爭的失敗。1975年，北越最終攻占南越首都西貢，越南統一成為社會主義共和國。這一事件不僅象徵著美國冷戰戰略的一次重大挫敗，也改變了東南亞的政治格局。

從冷戰的全球視角來看，越南戰爭也標誌著美國在代理人戰爭中的代價和挑戰。雖然美國試圖通過軍事干預來遏制共產主義，但這場戰爭暴露了美國在推動冷戰戰略時的局限性。戰後，美國的全球影響力受到了嚴重削弱，而越戰也成為後來美國外交政策和軍事介入決策的教訓。

參、核武競賽與全球對峙

一、古巴飛彈危機：冷戰的高峰

1962年的古巴飛彈危機是冷戰歷史上最接近爆發核戰爭的時刻，成為核武競賽的高峰。這次危機起源於蘇聯將核彈部署在古巴，距離美國本土僅90英里，直接威脅到美國的國家安全。面對這一挑釁，美國總統甘迺迪（John F. Kennedy）採取了強硬的外交和軍事應對，包括對古巴進行海上封鎖，並向蘇聯發出最後通牒。這場危機引發了全球範圍內的緊張氣氛，各國擔心美蘇之間的核對抗可能引發全球性災難。

在這次對峙中，經過一系列緊急外交談判，蘇聯領導人赫魯

雪夫（Nikita Khrushchev）同意撤回古巴的核彈，而美國也承諾不入侵古巴，並秘密同意撤除部署在土耳其的美國核彈。古巴飛彈危機雖然以和平方式解決，但它揭示了核武競賽的極端危險性，並迫使美蘇雙方重新審視各自的核戰略。

這場危機的後果之一是促使美蘇雙方加強了軍備控制的對話，並建立了冷戰時期重要的溝通管道，如「核熱線」以避免未來的誤判。古巴飛彈危機也使得核武競賽轉向更為謹慎的路線，促使兩大國超越軍事對抗，進行更多的外交磋商和妥協。

二、核不擴散與軍備控制

冷戰期間的核武競賽在 1960 年代達到頂峰，隨著技術的進步，美蘇雙方都意識到無限制的核武發展最終可能導致毀滅性後果。1968 年簽署的《核不擴散條約》（NPT）是這一背景下的一項重要成果，該條約旨在限制核武器的擴散，防止更多國家擁有核武，並推動國際間的裁軍合作。

《核不擴散條約》的簽署標誌著冷戰時期的一個重要轉折點。雖然美蘇之間的核競賽仍在繼續，但雙方逐漸開始意識到軍備控制的重要性。條約簽署後，雙方仍然致力於研發更新、更先進的核武器技術，包括洲際彈道導彈（ICBM）和潛射彈道導彈（SLBM），以確保在核威懾中的戰略優勢。然而，《核不擴散條約》為冷戰後期的裁軍談判奠定了基礎，如後來的《限制戰略武器條約》（SALT）和《中程導彈條約》（INF），這些協議在冷戰結束後對全球核武控制產生了深遠影響。

肆、區域衝突：冷戰主軸線以外的擴展

一、黎巴嫩內戰

黎巴嫩內戰（1975-1990年）是冷戰在中東地區的具體體現，它揭示了冷戰期間大國爭奪地緣政治影響力如何激化本地的內部衝突。黎巴嫩內戰不僅僅是黎巴嫩內部的教派和宗教矛盾所引發的，還與外部勢力的介入密切相關。內戰期間，黎巴嫩內部的馬龍派基督徒、遜尼派穆斯林、什葉派穆斯林和德魯茲教徒等不同勢力為爭奪政治權力而展開了激烈的鬥爭。而外部勢力，如以色列、敘利亞、伊朗等國，則利用黎巴嫩的動盪，干預戰局，以實現其在中東的地緣政治利益。

以色列在這場內戰中的角色是以防止巴勒斯坦解放組織（PLO）將黎巴嫩變成對抗以色列的前線基地為主要目的。1982年，以色列入侵黎巴嫩，並佔領了首都貝魯特的一部分，目的是削弱PLO的力量。然而，以色列的介入卻進一步激化了黎巴嫩境內的宗派衝突，並引發了真主黨的崛起，這一什葉派武裝組織在未來成為以色列和黎巴嫩關係中的核心挑戰者。

另一方面，敘利亞也積極參與內戰，試圖保持對黎巴嫩的控制，並防止以色列進一步擴張其在黎巴嫩的影響力。敘利亞對黎巴嫩的干預既是基於阿拉伯民族主義的傳統，也是為了維護自身的戰略利益。伊朗則通過支持真主黨來擴大其在中東的影響力，並與以色列和美國進行間接對抗。

黎巴嫩內戰是冷戰期間大國通過代理勢力操控區域衝突的典型案例。該內戰不僅反映了冷戰時期中東地區的複雜性和不穩定性，也表明了地緣政治利益如何進一步延續和加劇本地的宗派和政治分歧。最終，內戰在 1990 年通過《塔伊夫協議》結束，重新分配了黎巴嫩的政治權力，這一協議成為了維持黎巴嫩穩定的重要基石。然而，冷戰遺留下來的宗派矛盾和外部勢力的干預痕跡，至今仍對黎巴嫩的政治結構和穩定產生影響。

二、蘇伊士危機：全球權力的重組

　　1956 年的蘇伊士危機是一場標誌性事件，不僅展示了冷戰期間大國的全球角力，也象徵了英國和法國作為全球強權的衰退。蘇伊士運河是歐洲通往亞洲和非洲的重要航運通道，對英國和法國來說至關重要。然而，當埃及總統納賽爾宣布將蘇伊士運河國有化，並徵用英法蘇伊士運河公司的資產時，英法兩國立即視之為對其殖民利益和全球影響力的重大威脅。

　　英、法與以色列結盟，試圖通過軍事行動重新掌控運河，並推翻納賽爾政權（Gamal Nasser）。以色列則希望利用這一機會削弱埃及對巴勒斯坦問題的干預。然而，這場軍事行動遭到美國和蘇聯的強烈反對，特別是美國，作為當時新興的全球領導者，擔心這一衝突會破壞其在中東的影響力，並激化冷戰的東西方對立。美國對英法的軍事行動施加了巨大的外交壓力，最終迫使兩國撤軍。

　　這場危機標誌著一個重大轉折點，顯示了冷戰期間美國和蘇

聯如何影響全球地緣政治局勢。在美國和蘇聯的壓力下,英法兩國的影響力被顯著削弱,而埃及則在危機後鞏固了納賽爾的領導地位,並提升了阿拉伯世界的民族主義運動。蘇伊士危機的結果也反映了冷戰格局下超級大國的地位轉變,英法的衰退與美國和蘇聯的崛起形成了鮮明對比。此後,歐洲傳統殖民大國逐漸退出全球舞台,而美蘇兩國則通過代理勢力和地緣政治手段在全球進行對抗。

伍、新興第三世界國家的立場

冷戰期間,亞洲、非洲和拉丁美洲的許多新興獨立國家發現自己處於美蘇對抗的夾縫中,面臨著選擇加入某一陣營或維持中立的困境。這些國家大多是剛剛擺脫殖民統治的新興國家,急需發展經濟和建設國家機構,但也不希望再次成為外部勢力的棋子。這促使了不結盟運動的興起,該運動由印度、埃及、南斯拉夫和印尼等國家領導,旨在維持第三世界國家的獨立自主,避免捲入美蘇冷戰的對立。

不結盟運動的誕生具有重要的歷史意義。它體現了新興國家對冷戰格局的不滿,這些國家不願再成為外部大國角力的場地,而是希望通過外交手段保持中立,推動自身的經濟發展和政治自主。阿爾及利亞總統布邁丁(Houari Boumediene)等領導人強調國家主權和不干涉原則,並呼籲第三世界國家共同抵抗新形式的帝國主義。

不結盟運動成為冷戰時期第三世界國家的一種重要外交戰略。在此背景下，這些國家往往通過尋求美蘇兩大陣營的經濟和技術援助來推動本國的發展，並在必要時巧妙地在兩者之間進行平衡。然而，這些援助往往伴隨著政治和意識形態上的條件，使得新興國家面臨著在保護自身自主權和接受外援之間的艱難選擇。

　　雖然不結盟運動成功維持了許多國家的中立立場，但隨著冷戰的深入，一些不結盟國家也開始逐漸靠攏於某一陣營，尤其是在面臨內部經濟困難或政治危機時。此外，對於一些新興國家來說，冷戰不僅僅是一場超級大國的對抗，它還被視為殖民主義和帝國主義的延續。這些國家往往在冷戰背景下，通過對抗外部勢力的干預，努力實現真正的政治和經濟獨立。不結盟運動反映了新興國家在冷戰格局下的自主意識，雖然面臨著巨大壓力，但這些國家試圖在美蘇兩大強權之間維持平衡，並探索自身的發展道路。

陸、美國國內的社會運動與變革

一、民權運動的崛起

　　1960 年代是美國內部社會運動的高峰期，特別是以非裔美國人爭取平等權利為核心的民權運動。這場運動由許多非裔美國人領袖帶領，最著名的當屬金恩博士（Martin Luther King Jr.），他倡導通過非暴力抗爭的方式來推動社會變革。民權運動的根本目

標是推翻自19世紀末以來在南方各州實行的種族隔離制度（Jim Crow laws），並實現非裔美國人在投票、教育、就業和公共設施使用上的平等。

金恩博士以其強有力的演說和策略，特別是通過1955年的蒙哥馬利公車抵制運動、1963年華盛頓大遊行等，喚起了全國對種族不平等的關注。這場運動推動了《民權法案》（1964年）和《選舉權法案》（1965年）的通過，這些法律在消除種族隔離、保護少數族群選舉權利上具有劃時代的意義。這不僅改變了美國的種族關係，也使美國的社會和政治格局發生了深遠變化。

民權運動的成功還反映了冷戰時期美國的內部壓力。美國在全球舞台上自詡為自由和民主的捍衛者，但國內的種族不平等和暴力打壓卻與此背道而馳。這使得民權問題成為冷戰背景下美國面臨的道德挑戰，推動美國領導層進行必要的改革，以確保美國在全球的形象與其國內政策一致。因此，民權運動不僅是一場社會變革運動，也是美國在冷戰背景下塑造國家形象的重要契機。

二、反戰運動與越戰的影響

隨著越南戰爭的進行，美國社會對戰爭的支持逐漸瓦解。從1960年代中期開始，隨著越南戰場上的傷亡人數不斷增加和戰爭進展的緩慢，國內的反戰情緒迅速高漲。這種情緒最初由學生和知識分子發起，但隨著戰爭的不斷升級，反戰運動擴展至更廣泛的社會層面。許多反戰抗議活動蔓延全國，著名的活動包括1967年在華盛頓的五角大廈前的集會，以及1969年的「和平進軍華盛

頓」活動，這些行動動搖了政府對越戰政策的堅持。

反戰運動不僅是對越南戰爭的不滿，還反映了當時美國年輕一代對政府和權威的不信任。反文化運動（counterculture）也與此緊密相連，它質疑傳統的美國價值觀，呼籲對愛與和平的追求，拒絕戰爭和暴力。隨著媒體對越戰真實情況的報導，戰爭的不公和美國在越南的失敗逐漸浮現，進一步加劇了反戰情緒。

反戰運動對美國的冷戰戰略產生了重大影響。最終，尼克森政府不得不採取「越南化」政策，將戰爭的責任逐漸轉交給南越政府，並逐步撤出美軍。1973年，美國與北越簽訂《巴黎和平協議》，美國正式結束了在越南的軍事行動。越戰的失敗極大削弱了美國的全球領導地位，並促使美國在後來的國際衝突中更加謹慎。

三、太空競賽的推動力

1960年代的太空競賽是冷戰背景下美國和蘇聯之間最具象徵性的競爭之一。這場競賽不僅在科技領域具有重大意義，更是兩國在全球舞台上展示國家實力和意識形態優越性的競技場。美國和蘇聯爭相發展航天技術，從最早的衛星發射到載人航天，最終在1969年達到高峰，當時美國成功將阿波羅11號送上月球，實現了人類歷史上首次登月。

美國的登月成功不僅標誌著科技的偉大成就，也在冷戰的國際競爭中佔據了重要一席。對於美國而言，這不僅是對蘇聯於1957年發射人類第一顆人造衛星「史普尼克號」（Sputnik-1）的

回應，更是展示其科技實力和國家現代化的最佳機會。當時，蘇聯在太空競賽的初期階段佔據優勢，但美國通過巨大的財政投入和技術創新，最終成功逆轉局勢。

阿波羅 11 號的登月成為美國全球影響力的象徵，也強化了冷戰中的意識形態鬥爭。太空競賽不僅僅是一場科技競賽，還反映了美蘇兩國之間的制度較量。美國通過登月向世界展示了其科技創新能力，並表明民主體制下的自由市場經濟也能取得重大成就，這在冷戰的意識形態對抗中具有強烈的宣傳意義。

柒、島鏈亞洲的局勢與發展

冷戰期間，亞洲的局勢和發展成為東西方陣營在全球爭奪影響力的關鍵戰場之一。儘管冷戰的主軸對立發生在美蘇之間，亞洲也成為冷戰中的重要舞台，特別是在代理人戰爭、軍事對峙和經濟變遷等方面，影響深遠。

一、台海危機

台海危機是冷戰期間中國和台灣之間的幾次重大軍事對峙，尤其是 1954 年和 1958 年兩次台海危機。這些危機反映了冷戰時期中美關係的敏感性，美國在協防台灣問題上與中華民國政府結成了密切的軍事合作關係，並在 1955 年簽訂《中美共同防禦條約》。這些危機使得台灣海峽成為東亞冷戰的熱點之一，中美雙方在台灣問題上的角力持續影響著整個地區的地緣政治格局。

二、中印衝突

1962 年的中印邊界衝突則是冷戰時期亞洲地緣政治中的另一個焦點事件。這場衝突主要集中在中印邊界的西段（阿克賽欽地區）和東段（阿魯納恰爾邦）地區，這場衝突不僅涉及領土爭議，還反映了冷戰背景下亞洲國家內部的權力平衡。印度與蘇聯有著密切的關係，而中國則與蘇聯漸行漸遠，形成了複雜的政治動態。這場衝突最終以中國的勝利告終，但也強化了印度與美國和蘇聯之間的合作關係。

三、亞洲經濟崛起

儘管亞洲在冷戰期間經歷了多次政治和軍事衝突，該地區的經濟發展同樣值得關注。1960 年代，日本、台灣、韓國和香港等地區經歷了快速的經濟增長，被稱為「亞洲四小龍」的經濟體迅速崛起，成為全球經濟的重要力量。這些地區在冷戰背景下，通過與美國建立密切的經濟和軍事合作，成功融入全球經濟體系，並利用冷戰時期的地緣政治優勢推動本國經濟現代化。

這些國家和地區的經濟增長，不僅鞏固了美國在亞洲的影響力，也在冷戰中顯示了資本主義模式的成功，這與蘇聯式的計畫經濟形成了鮮明對比。這些經濟體的崛起，不僅提升了亞洲在全球經濟中的地位，也為後來中國的改革開放提供了重要參考。

捌、結論

　　1960 年代的冷戰作為一場全球性的意識形態對抗，對之後的世界政治、經濟和社會結構產生了決定性的影響。通過代理人戰爭、核武競賽和國際對峙，冷戰不僅改變了人類歷史上超級強權之間的對抗模式，還深刻影響了區域衝突與新興國家的發展進程。冷戰主軸線以外的地區，如中東和亞洲，則通過代理人戰爭與地緣政治鬥爭，成為冷戰的擴張舞台。此外，冷戰對美國國內社會運動與技術發展的影響同樣不容忽視。1960 年代的民權運動、反戰運動和太空競賽，不僅塑造了美國的內部變革，也連帶牽動了其他世界區域內的衝突發展與外交上的政治抉擇。亞洲的幾個新興經濟體，包含台灣，卻能在大國對抗之下找到自己的另外一條活路。1960 年代的冷戰，雖然促發了危機，卻也造就了各區域內的反動力量、反省聲音，甚至發展出新的科技進步與革新。

1960年代冷戰經驗對2020年代的啟示

唐欣偉／台灣大學政治系副教授

　　美國約翰霍普金斯大學教授暨彭博新聞社專欄作家布蘭茲（Hal Brands）於2024年7月21日發表文章指控中國與俄國正在將世界打碎。該文在副標題中提問：「我們回到1960年代了嗎？」，引述季辛吉在1968年對國際環境的評估，還認為該評估可作為理解當今亂世的良好起點。[1] 在此嘗試參酌布蘭茲與季辛吉的論述，與先前在冷戰史論壇中的發言整合，比較2020年代與1960年代國際政治的異同，以利研判未來的情勢。

壹、兩大超強之間的權力平衡變化

　　這是傳統國際關係學界主流典範現實主義的核心議題，也是布蘭茲和季辛吉關切的重點。1960年代的兩大強權是美國與蘇聯，而2020年代則是美國與中國。哈佛大學教授艾利森（Graham T. Allison）關於「修昔底德陷阱論」的專書，是近年來探究後一主題的知名著作，意在提醒美中兩強注意爆發衝突的可能性，及

---

1. Hal Brands, 2024. https://www.bloomberg.com/opinion/features/2024-07-21/china-and-russia-are-breaking-america-s-world-into-pieces?embedded-checkout=true

早採取預防措施;[2] 而他先前分析 1962 年古巴飛彈危機時美國決策過程的經典著作,則是處理前一主題的重要文獻。[3] 依據「修昔底德陷阱論」的說法,「中國實力的增長以及美國對此感到的不安,將使得雙方的衝突難以避免」。究竟中國在哪些方面的實力增加,對美國而言特別敏感呢?在此列出核子武器、軍事開支、經濟規模這三個經常被美方提出的項目來討論。

一、核子武器

在 1945 年之後,核子毀滅的陰影逐漸成為影響國際關係的一項重要因素。起初美國在核子彈頭與投射載具兩方面都擁有絕對的優勢,並且在蘇聯南側的土耳其布署核彈。在美國 1961 年入侵在其南側的古巴之豬玀灣事件失敗後,古巴同意讓處於核子劣勢的蘇聯布署核彈以抗衡美國,但此事引發美國的強烈反應。在艾利森針對當年古巴飛彈危機的分析中,不難發現當時美國與蘇聯之間爆發核子戰爭的可能性相當高,[4] 而美國對古巴的經濟制裁也自 1962 年起一直持續至今。如今的美國政府指責中國加速提升核武數量,[5] 估計後者在 2030 年前將擁有千枚以上的核彈頭。[6] 不過,倘若我們認為,相互保證毀滅(Mutual Assured Destruction, MAD)的核武嚇阻防止了 1962 年的危機升級成熱戰,那麼也可能樂觀地認為同樣因素可以防止美中兩強於 2020 年代直接開戰。根據美國科學家的估計,1962 年時美國擁有 25540 枚核彈頭,而蘇聯擁有 3346 枚。[7] 雖然後者的數量僅約前者的八分之一,但似乎已能嚇阻美國主動攻擊。

到了 2023 年，中國核彈頭數量的估計值僅為 410，還不到該年美國數量的九分之一，也遠少於前蘇聯，但已引起美國政府的警告；2024 年時中方核彈頭數量的估計值已增加到 500，仍大幅落後各自擁有大約 4000 枚核彈頭的美俄。倘若美國政府認為中國的核彈頭數量增加有破壞和平之虞，那麼似乎意味著美方並不相信核武嚇阻或這方面的權力平衡有助於維持和平。另一種可能則是美方仍相信核武嚇阻有助於和平，但還是要譴責中國的作為。不論如何，當前爆發核子大戰的可能性不高。

二、軍事開支

　　不論是核子武器或傳統武器都需要耗費大量金錢來製造與維護，而使用與保管這些武器的人員也必須領取政府的薪資。在美國與蘇聯，國防部門的開支在政府各部門中居於首要地位，而從

---

2. Graham T. Allison, *Destined for War: Can America and China Escape Thucydides's Trap?* (Boston: Houghton Mifflin Harcourt, 2017).
3. Graham T. Allison, *Essence of Decision: Explaining the Cuban Missile Crisis* (Boston: Little, Brown and Company, 1971).
4. Allison, *Essence of Decision: Explaining the Cuban Missile Crisis.*
5. Demetri Sevastopulo, "Pentagon Accuses China of Accelerating Nuclear Build-up: New Report to Congress Finds Beijing on Track to Exceed Previous Projections," *Financial Times.* 2023/10/20.
6. US Department of Defense, "Military and Security Developments Concerning the People's Republic of China," 2023, p. VIII.
7. Hans Kristensen et al. 2024. "Status of World Nuclear Forces," Federation of American Scientists, https://fas.org/initiative/status-world-nuclear-forces/. 對 2023-24 年核彈數量皆以此估計為準。

前的蘇聯與現在的中國之國防開支或武器裝備的增長,可以做為美國國防單位要求國會增加軍費的理由。在1960年代與2020年代,美國的軍費都高居世界第一位。然而1960年代的美國與蘇聯軍費差距不大,2020年代前半的美國軍費卻是中國的數倍。當前中美雙方都有理由擔心來自對方的武力威脅,可是中方的憂慮更為實際。倘若1960年代沒有爆發戰爭的原因,是因為美蘇兩國之間的軍力達成平衡,那麼後來在美國保持對中軍力優勢的情形下,為什麼雙方仍沒有開戰?這就必須尋求其他的解釋。

三、經濟規模

軍費是政府支出的一環,須以國家經濟為後盾。以美國學者為主的國際關係學界對於中國經濟影響力的增長相當關切。[8]提出「修昔底德陷阱論」的艾利森以及與該論如出一轍的權力轉移論學派,都很重視中國經濟規模的變化,並以經過購買力平價調整後的國內生產毛額(GDP/PPP)作為主要權力指標。該學派主張權力的不平衡才能維持和平,而美蘇冷戰之所以沒有變成熱戰,也是因為美國的權力優勢所致。兩次世界大戰都是在崛起強權德國的GDP/PPP趕超當時的支配強權英國之際爆發,然而美國在整個冷戰時期都在經濟規模上維持著對蘇聯的明顯優勢,使得後者無力挑戰,這才是古巴飛彈危機沒有演變為熱戰的原因。[9]然而依據國際貨幣基金組織的數據,中國的GDP/PPP在2010年代已趕上美國。[10]假如以此理論為準,那麼中國似乎應該如同二十世紀前半的德國一樣挑起戰爭,可是這顯然沒有發生。倘若1960

年代沒有爆發戰爭的原因,是因為美國對蘇聯的經濟優勢,那麼後來在美國喪失對中經濟優勢後,為什麼雙方仍然沒有開戰?這也必須尋求其他的解釋。

貳、不同陣營之間的力量對比

一、基本情勢分析

單獨考量美國本身的軍事與經濟力量,可能讓我們忽略了,其眾多盟邦也能夠提供大量的資源,就如同古代雅典的盟邦對其提供人力物力的援助,或前述的古巴提供空間給蘇聯布署飛彈以換取保護一樣。另一方面,在布蘭茲這類的美方人士論述中,俄國與中國在 2020 年代就如同在 1960 年代一樣,形成一個反抗美國的集團。美國為首的集團代表民主價值,而中俄集團則反之。在 1960 年代,以美國為核心的軍事同盟系統,包括北大西洋公約組織(North Atlantic Treaty Organization, NATO),以及西太平洋從日本、韓國到澳大利亞、紐西蘭與美國的軍事盟約,確實囊括

---

8. Maliniak, Daniel, Susan Peterson, Ryan Powers, and Michael J. Tierney. 2014. "TRIP 2014 Faculty Survey." Williamsburg, VA: Institute for the Theory and Practice of International Relations. Available at https://trip.wm.edu/data/dashboard.
9. Tammen et al. 2000. *Power Transitions: Strategies for the Twentieth-first Century*. New York: Chatham House Publishers.
10. International Monetary Fund, "World Economic Outlook Database," 2024. https://www.imf.org/en/Publications/WEO/weo-database/2024/April

了世上絕大多數的民主國家,與以蘇聯為核心的共產集團涇渭分明。若以整個集團為單位計算,那麼美國領導的西方集團在核武數量以及整體軍費方面都佔優勢,而經濟規模的領先幅度更高。此事實被權力轉移論者視為美國憑藉權力優勢在冷戰時期維持和平的證據。

在 2020 年代前半,美國、法國、英國與以色列這個陣營以及俄國、中國、北韓陣營分別擁有四千餘枚核彈。雖然後一陣營的總數略多,但大致雙方可謂勢均力敵,這點不同於 1960 年代。然而任何一個陣營都已擁有在承受對方先手攻擊之後充分報復的第二次打擊力量,所以過量的核武數目並沒有太大的實質意義。就軍費而言,美國一國的軍費已遠超過中俄軍費的總和,更遑論美國還有北約、日韓、澳紐等盟邦資源的挹注,優勢很明顯。在經濟領域,以美國為首的七大工業國全都是北約組織和美日安保的成員,再加上韓國、澳洲、紐西蘭和較小的北約在歐成員國,經濟規模遠大於中國、俄國與北韓的總和。就此以觀,西方陣營在 2020 年代仍可像 1960 年代一樣佔有優勢。

二、陣營劃分之討論

前述陣營劃分方式其實仍有爭議。從重視政治體制的學派(例如自由主義學派)出發,美國領導的北大西洋與西太平洋同盟代表著民主價值,而與其對立的中國、俄國、北韓等則屬於非民主陣營。可是從馬克思主義之類重視經濟不平等問題的學派出發,則會判定美國陣營代表的是富裕的先進國家,而中俄陣營則

屬於開發中國家。大體上，不論是在 1960 年代或 2020 年代，美國陣營的成員多半都是民主富裕國家，而中俄陣營則多為威權或極權的開發中國家。然而美國並不排斥爭取共產主義國家加入己方陣營，例如 1970 年代的中國以及後冷戰時期的越南，都因為具有戰略價值而受到華府的青睞。莫斯科與北京方面，往往也不排斥與己方政治體制不同的國家成為夥伴。像印度這樣民主的開發中國家，與西方和東方陣營都有共通點，就可以時而基於政治價值、時而基於經濟利益，遊走在兩陣營之間。

不少像印度這樣在第二次世界大戰之後獨立的新興國家，沒有明確地加入東方或西方陣營，而它們的走向對東西方的競爭可能產生重大影響。季辛吉曾注意到去殖民化是 1960 年代的重大事件。英國與日本等殖民帝國在 1940 年代前半遭到重大挫敗後，去殖民化與冷戰同樣於 1940 年代後期開始。第二次世界大戰使得許多殖民地人民發現，殖民主子的表現不如預期，這使得殖民政權的威望大減。耶魯大學歷史和全球事務講座教授文安立（Odd Arne Westad）曾指出，美國這個常常強調其反殖民遺緒的國家，即使敦促歐洲國家放棄在亞非的殖民地，往往也是基於冷戰的考量，例如要為美國及其盟邦取得原物料與市場，擴張資本主義。[11] 亞洲的許多地區在 1960 年代之前就已脫離日英法殖民帝國而獨立，其中的越南還與試圖重建殖民政權的法國爆發激烈戰爭；至於非洲去殖民化的高峰則是出現在 1960 年代。到了 2020 年代初

---

11. 文安立著，《冷戰》（台北：聯經出版公司，2023 年），頁 155-156。

期，COVID-19 的疫情也讓世人發現，原本被視為先進的西方國家，對抗疫情的表現並不如預期，沒有明顯地優於非西方國家；2022 年俄國攻打烏克蘭後，在金融貿易領域遭到西方制裁，引發了部分非西方國家的警惕；在 2023 與 2024 年，美國在以色列與巴勒斯坦的哈瑪斯組織發生衝突時，明顯站在以色列一方的作法，進一步疏離了許多開發中國家。這一連串的事件是否會讓開發中國家繼冷戰時期的政治去殖民化後，進一步在金融與文化領域「去殖民化」，有待進一步觀察。

在 1960 年代以及 2020 年代，將世界劃分為對立的兩大陣營之冷戰觀點固然有助於我們簡潔地掌握重大的時代特質，但我們也應注意到，過度簡化的結果可能會使人漏失重大訊息。例如在 1960 年代，除了湧現許多不屬於東方或西方陣營的新興國家外，西方陣營中的法國與東方陣營中的中國都出現了偏離陣營領導中心，試圖展現些許自主性的傾向。在 1969 年時，中蘇甚至在邊境上的珍寶島爆發小規模戰爭。對於結構現實主義者來說，1960 年代的法國或中國的走向，遠不足以從根本上改變美蘇兩大超強支配的結構。不過法國作為日後歐洲聯盟的主要推動者之一，在某種程度上展示出了打造在美國之外的另一個強權之可能性，而中華人民共和國在珍寶島事件後的 1970 年代開始與美國改善關係，也增加了蘇聯的壓力，有助於西方在冷戰中取勝，也讓北京藉由與西方的合作開創出持續數十年的高速經濟成長。在 2020 年代，就經濟規模而言，不論要不要經過購買力平價調整，都呈現美國、歐盟、中國三強鼎立的態勢，而非兩極對立。若以購買力

平價調整 GDP，那麼印度第四名的地位也非常穩固。現在美國推行印太戰略，積極拉攏印度加入反中陣營的態勢，與從前積極拉攏中國加入反蘇陣營的態勢如出一轍，而印度的走向有可能對於美中競爭的過程或結局造成重大影響，就如同從前中國走向的影響一樣重要。

前已述及，作為民主國家的印度，相關的政治價值觀與美國陣營比較接近，和中華人民共和國差異較大。作為開發中國家的印度，在追求發展利益，打破美國與歐洲壟斷地位的立場上，與中國、俄國比較接近，和美歐不同。擁有獨立自主外交傳統的印度，直到莫迪的印度人民黨的第一個執政期間，都同時與美、中發展某種程度的友好關係。在 2017 年時，印度加入了以中國、俄國為主的上海合作組織，同時也與美國、日本和澳洲重啟四方安全對話，可謂左右逢源。然而該年中印之間爆發了洞朗對峙事件，2020 年又在加勒萬河河谷地區爆發了致命衝突，而印度親美遠中的姿態就變得十分明顯。

儘管中華人民共和國與印度在 1950 年代的關係曾相當友好，但就在古巴飛彈危機爆發的 1962 年 10 月，中印爆發了邊境戰爭。當時適逢中國大躍進之敗，印度與中國經濟規模差距最小的時刻，而從權力轉移論的觀點出發，可能會認為這是新德里方面想要抓住機會之窗，一舉打敗原本占優勢的中國，以確立自己區域支配地位的戰爭。此一解釋是否正確，有待進一步檢證，只是中印雙方的邊界衝突直到 2020 年代仍未解決。也就是說，這是 1960 年代與 2020 年代的另一項共同點。相較之下，在 1960 年代

也曾爆發邊境戰爭的中俄,後來成功地解決了劃界問題。中國與印度能否在 2020 年代妥善處理 1960 年代遺留下來的重大邊界問題?有待進一步觀察。

冷戰的選擇與轉捩點：越戰與古巴飛彈危機

趙文志／中正大學戰略暨國際事務研究所教授

壹、前言

　　冷戰時期是一場沒有戰爭的緊張年代，之所以緊張是因為對許多人、許多國家而言，他們都預期美國與蘇聯兩個超級大國會發生戰爭，造成不可收拾的後果。[1] 之所以會造成不可收拾的後果，除了過去兩次世界大戰帶來的慘痛教訓外，核子武器的問世，美蘇雙方擁有足以消滅對方好幾次的核武數量，更是讓世人感到緊張與擔憂的原因。1960 年代大量擁有核子武器所形成的嚇阻效果成為美蘇兩國用來制約對方行為的重要標誌。兩國之間透過核子武器嚇阻效果形成某種的權力平衡，避免對方取得權力上的優勢。此期間最具代表性與重大影響性的個案即是 1962 年古巴飛彈危機。蘇聯欲在古巴部署可以攜帶核彈頭的彈道飛彈，這些飛彈能夠瞄準全美各大都市並且造成重大傷亡，對美國產生直接威脅。這樣的舉動很可能打破目前兩國之間權力均衡的狀態，引起美國高度警戒並採取一連串的反制作為。

1　Joseph S. Nye and David A. Welch 著　張小明譯《哈佛最熱門的國際關係課》（台北：城邦文化事業，2022 年），頁 158。

此外，對於共產主義與蘇聯的看法也牽引著美國在 1960 年代戰略設計的思考與作為。也就是美國面對蘇聯對外推動共產國際運動，試圖要將共產主義推向全世界的戰略意圖，到底是要圍堵蘇聯的影響力還是圍堵共產主義的擴張，這兩種不同思考很大程度影響了美國在世界各個邊緣地區的實際行動，特別是讓美國付出慘痛代價的越南戰爭。也因此，本文的主要目的是探討在 1960 年代的冷戰階段中，兩項重要的事件：越戰與古巴飛彈危機，所帶來的意義與對國際政治的影響。

貳、對共產主義抑或對蘇聯的圍堵：美國的越戰選擇

美國在 1960 年代冷戰期間到底是要圍堵共產主義還是圍堵蘇聯的影響力，成為後來回顧美國在冷戰階段與蘇聯在世界各地較量與作為時一項重要討論的課題。換句話說，這項討論的重要性與意義在於圍堵共產主義與圍堵蘇聯影響力會造成美國對外政策不同的行動方案設計，成為美國在冷戰時期戰略設計與作為的重要影響因素。如果是要圍堵蘇聯的影響力，則並非所有其他共產國家都是美國要對抗的對象，在戰略思考上可以更有彈性的「聯合次要敵人，打擊主要敵人」，則其他的共產國家就可以成為美國合作的對象來共同對抗蘇聯。然而如果是要圍堵共產主義，則美國需積極採取行動與作為來防止共產主義向外擴散，面對所有共產國家，都須採取軍事圍堵、外交對抗的作為。因此，不同的戰略思考將會造成完全不同的戰略設計與方案。

顯然美國在面對越南情況上的思考是以圍堵共產主義的戰略角度來發動越戰。因為從這樣的戰略思考此場戰爭的話，對美國政府來說，這就是一場共產主義對外擴張的戰爭，是一場北越共產主義者對南越阮文紹政府的攻擊，試圖要推翻南越政府，把越南建立成為一個共產主義國家。換句話說，美國政府認為如果他不能協助南越防堵共產主義擴張，則美國的信譽將會嚴重受損，同時北越入侵南越是一場共產國家對非共產國家的侵略，並且更嚴重的是南越淪陷的話將會造成嚴重的骨牌效應，東南亞其他國家也將很可能遭受到同樣的命運，陸續落入共產主義者的手中，而這是美國不願意看到的情況。[2] 因此，美國政府決定出兵越南，協助南越政府抵抗北越共產黨的入侵。然而，此項決定最終卻造成了 58,000 名美國軍人喪生、153,000 美軍受傷以及花費美國 8,280 億美元在軍事上進行這場長達將近二十年的戰爭，[3] 同時美國非但最終無法阻止南越被北越「赤化」，美國政府還因為國內高漲的反戰聲浪狼狽撤出越南，為美國留下難堪的歷史紀錄。

　　然而，如果美國當初對於越南「內戰」採取不同的戰略思考，不是以圍堵共產主義方式面對此場戰爭，而是以圍堵蘇聯影響力的話，則面對越南「內部情況」，美國就有其他的選擇方案，也許將會形成截然不同的結果。凸顯美國在戰略思考上轉變的例證，即是在 1970 年代美國改善與中華人民共和國的關係。如果從圍堵

---

2. Joseph S. Nye and David A. Welch 著，《哈佛最熱門的國際關係課》，頁 178。
3. "Impact of the war Vietnam," *BBC*, https://www.bbc.co.uk/bitesize/guides/zv7bkqt/revision/6, accessed on June 1, 2024.

共產主義的角度來看的話，則美國應該在政治經濟上持續支持在台灣的中國（中華民國），同時在軍事上協助中華民國「反攻大陸」，將共產主義趕出中國。然而，此時的美國在戰略思考上，產生重大轉變，圍堵共產主義的目標轉變為圍堵蘇聯勢力與影響力。所以拉攏共產中國圍堵（對抗）蘇聯成為合理的戰略選擇。於是 1969 年，美國總統尼克森（Richard Nixon）上台後，標示了美國政府戰略選擇的轉變。美國政府為了聯合中華人民共和國遏制蘇聯，開始改善與中國的關係，下令宣布放寬對中華人民共和國的貿易限制，隨後在乒乓外交下，美國高層官員開始進一步與中國接觸與往來。1971 年 7 月 15 日，美國總統尼克森宣布，他的國家安全顧問季辛吉（Henry Kissinger）已經對北京進行了一次秘密訪問，而他本人已經受中國國務院總理周恩來邀請訪問中華人民共和國。1972 年 2 月，尼克森總統訪問北京、杭州以及上海，兩國最終於 1979 年 1 月 1 日正式建交。

美國與中國建立外交關係意味著美國的戰略思考從過去圍堵共產主義轉變成圍堵蘇聯的影響力。因此，敵人的敵人就是朋友的邏輯下，美國轉變對共產中國的想法，透過與中國關係正常化，建立美國與中國共同抵禦蘇聯的關係，而不是抵抗共產主義。也因此，奈伊（Joseph S. Nye）認為，如果 1960 年代的美國決策者採取的是遏制蘇聯影響力的戰略思考，而不是遏制共產主義的思考，從民族主義與自決的角度看待越南這場北越與南越之間的衝突，也許美國改採權力平衡的手段應對，就不需要透過戰爭而付出如此龐大而慘痛的代價。[4]

參、古巴飛彈危機對冷戰影響與意義：美蘇熱線

　　1960年代冷戰另一項值得世人關注的重要事件即是古巴飛彈危機。當時正處於冷戰激烈的階段，美國與蘇聯彼此高度敵視，對於對方意圖並不了解。事情緣由來自於1959年卡斯楚（Fidel Castro）發動革命，推翻原本親美的古巴政府，建立了一個親蘇聯的共產政權。1962年夏天，蘇聯偷偷運送了一批中、短程可攜核彈彈頭的飛彈、轟炸機和軍隊到古巴，並在古巴島上設置四個飛彈營，這批飛彈可打到美國本土除了兩岸以外的任何一個地方。隨後10月15日，中情局的U-2高空偵察機發現了古巴飛彈基地，這讓美國政府認為蘇聯正在古巴部署飛彈，這對美國來說帶來了直接威脅。[5] 美國在這危機的十三天當中試圖運用各種方法來阻止古巴飛彈基地正式運作，其中包括了封鎖、訴諸國際輿論、透過聯合國對蘇聯施壓乃至最後透過軍事轟炸摧毀該飛彈基地都成為選項。然而，由於雙方缺乏有效與快速的溝通管道（當時沒有網際網路，白宮與莫斯科之間甚至沒有直接可以電話聯絡的管道），只能依靠電報傳輸訊息，然而電報傳輸一次要7個小時，這對於緊急事故來說，顯然耗費時間太長，以至於雙方在這13天的危機互動中，由於意圖不明再加上彼此敵視，使得美蘇彼此不斷猜測對方的動機、意圖與可能的回應是什麼？

---

4. Joseph S. Nye and David A. Welch 著，《哈佛最熱門的國際關係課》，頁178。
5. 林博文，〈古巴飛彈危機 美蘇核子大戰一觸即發〉，《中時新聞網》，2023年10月31日，https://www.chinatimes.com/newspapers/20231031000729-260309?chdtv

在這過程當中，美國政府內部軍方人士不斷提出以武力打擊方式解決古巴飛彈基地帶來的危機，然而美國總統甘迺迪（John Kennedy）卻堅持不斷要去釐清蘇聯的意圖，以避免在錯誤資訊與解讀下，做出錯誤決策（豬玀灣事件的教訓），讓兩國走向戰爭。對於蘇聯來說，當甘迺迪總統宣佈要實施具武力恫嚇性質的「海上封鎖」策略時，赫魯雪夫（Sergeyevich Khrushchyov）與蘇聯政治局成員也強烈感受到來自美國具侵略性質的「威脅」日益強烈。然而，甘迺迪總統在發布要進行具武力恫嚇性質的「海上封鎖」策略的同時，他也同時給了蘇聯領導人赫魯雪夫一封私人信函希望蘇聯能正確理解在目前的情勢下，美國確保自身安全的意願與決心，但卻又強調不要惡化目前緊張的態勢。面對美國的強勢態度，蘇聯船艦在接近古巴封鎖線時也停止繼續前進，這讓美國一度認為危機情況稍微緩和，蘇聯船隻此一動作釋放出蘇聯決策層也有意緩和緊張情勢的訊號。

10月26日，甘迺迪總統收到赫魯雪夫的一封信函，信中傳達若美國保證不入侵古巴，則蘇聯將自古巴撤出飛彈。然而在27日，赫魯雪夫一改前封信的立場，透過廣播告知若美國願意撤除在土耳其的飛彈，則蘇聯解除古巴的飛彈作為交換條件。然而，與此同時卻又發生美國的U2偵察機被擊落的事件，讓整個情況再度陷入到緊張的局勢當中。特別是赫魯雪夫態度前後不一，讓美國猜測蘇聯內部是否發生政變，特別是U2偵察機被擊落事件讓美國決策圈開始認為蘇聯此一非言語作為傳遞出要跟美國開戰的意圖，因此力主應該先發制人，採取軍事行動。最後在甘迺迪

總統堅持應慎重決定並透過秘密外交方式,向蘇聯傳遞願意接受蘇聯提議:以撤除美國部署在土耳其飛彈作為交換蘇聯撤除古巴飛彈,惟不可以公開提及此事,若不接受則美國將會採取軍事行動轟炸古巴的飛彈基地,最終蘇聯接受了這項提議而順利化解了此項可能引爆核子大戰危機。[6]

由上述的過程,我們可以了解到,美國與蘇聯意識到在此次危機中,雙方資訊的欠缺容易導致誤判對方的意圖,這樣的困境往往導致彼此作最壞的打算與最保險的準備下,容易導致雙方走向最壞的結果:衝突與戰爭。在古巴飛彈危機雙方即是因為欠缺即時與直接的溝通管道,讓美國與蘇聯都只能透過猜想去分析對方的意圖。在這猜想與分析過程中,由於個人意識形態、過往經驗、價值觀與偏見,往往導致對對方意圖與行動的分析產生一定程度的偏頗。例如,美國沒有軍事征服的意圖,但其卻一直認為蘇聯有這樣的企圖,然而蘇聯對於美國真正的意圖與想法卻也始終無法確定。這使得雙方對對方的意圖不確定下,只能作最壞的打算(對我方的軍事進攻)與最保險的做法(先發制人採取軍事行動打擊對方)來因應兩國關係與互動。這樣的情境卻往往容易導致誤判和走向最壞的結局。

---

[6]. 賽明成,〈古巴飛彈危機:外交信息傳遞觀點〉,《問題與研究》,50 卷 4 期 (2011 年),頁 46-48。

也由於兩國領導人甘迺迪總統與赫魯雪夫總書記意識到雙方在這種敵意螺旋下，真的有可能發生冷戰開始以來首次兩國直接（核武）衝突，也因此，在古巴飛彈危機之後，美蘇建立起「熱線」，就是希望透過建立起領導人直接溝通管道，來避免雙方錯誤解讀對方的行為與政策，導致另一方誤判而升高敵意的螺旋，最後走向不可避免的悲劇。這也讓兩國高層熱線管道成為後來國際政治與外交之間，（大國）國家為防止誤判的重要措施與作為。

肆、結語

　　1960年代是冷戰高峰階段，這期間爆發的越戰與古巴飛彈危機。這兩件大事帶給世人重大影響以及對於國際關係深遠衝擊。首先是越戰，由於戰略思考的不同，導致美國直接參與了越南內部的戰爭，導致了重大傷亡，最後還以失敗收場。這場戰爭的教訓，讓美國改變過去圍堵共產主義策略，轉變為圍堵蘇聯的影響力。這項戰略思維的轉變也帶來後續1970年代美國對中（中華人民共和國）政策的變化，改善對中關係、聯合中華人民共和國對抗蘇聯。這也改變當時在東亞地區的戰略格局。

　　其次是古巴飛彈危機讓世人意識到核子大戰離人類一度那麼近。如何避免擁核大國之間因為誤判，而最終發生難以逆轉的悲劇，成為大國之間與國際關係之間思考的核心議題。熱線建立代表人類要避免這樣的情況，也成為後來大國之間溝通的重要管道。

越南戰爭對冷戰的影響
林子立／東海大學政治系副教授

在漫長的冷戰中，令人印象最深刻的除了極具戲劇張力的古巴飛彈危機外，歷經四任美國總統，從艾森豪、甘迺迪、詹森以及尼克森，無一不困擾於越戰對美國社會與外交政策的影響，最終撤軍的決定突顯出 20 年的努力，美軍死亡 58,209 人，受傷 30 萬 4 千人，2,000 多人失蹤，仍然無法挽回局勢。然而，越戰的開始就得到蘇聯與中國的協助，使得越戰成為了代理人戰爭，而為什麼美國成功的拉攏中國，離間蘇中越集團，卻仍然輸了越南戰爭？

壹、中國角色之不確定性

傳統上冷戰普遍被視為兩極體系，蘇聯扶植而成立的中華人民共和國自然屬於共產集團。然而毛澤東一向將新中國的利益置於蘇維埃共產集團之上，一直追求與蘇聯平起平坐的地位，這到了赫魯雪夫掌權時代更為明顯，讓季辛吉認為有機可乘，能夠藉此將蘇中結盟加以裂解，就算不能納入美國陣營，也會減緩美國對抗蘇聯的壓力，更能夠使北越的軍事援助大幅減少。當中蘇邊境的珍寶島事件發生後，美中之間得到合作的契機，使得美國願意放棄對中華民國的承認轉而投向中華人民共和國。

這自然也影響了中國對越戰的態度，使得北越陣線採信蘇聯

的戰略而非中國的,因為中國已經倒向敵人美國的陣營。因此,當周恩來對北越建議應以過去中共贏得內戰的方式,以農村包圍城市,打持久戰消耗敵人的戰力,北越領導人並不認同。相反的,蘇聯主張閃電攻擊城市,即動用常規兵力攻擊奪取城市,得到北越將領的採納發動總攻擊,計畫在南方全面武裝暴動迫使美軍因重大傷亡而撤出。至此,冷戰結束前的多極體系是指中蘇的分裂與中美的和解,對越戰帶來的影響是北越往蘇聯靠攏而對中國相當不信任。

這源自1969年尼克森當選總統決定改善中美關係,而北京就對於越南是否能夠統一不感到急迫感,甚至希望河內能夠與華盛頓達成協議。然而,當時北越已經不相信中國的保證。因此,當中國表示希望在1972年尼克森訪華前,巴黎和談能夠達成協議時,北越更是相信中國是站在美國的立場而不是越南的統一大業立場。事實上,從1955年簽訂的日內瓦協議將越南劃分「兩個越南」之後,北越對此耿耿於懷,也對參與各方充滿猜忌,認為協議條款並沒有反映北越在戰場上取得的勝利。

北約內部的親中派與親蘇派的競逐也隨著美中關係和緩而逐漸倒向蘇聯,並採取其戰略建議,也對中國逐漸漸行漸遠。在越戰結束後與蘇聯發展更為親密的外交關係,而與中國交惡最後導致中越戰爭,雖然只有7日的戰爭,但直到冷戰結束後兩國才和解。可以這麼說,蘇中決裂才使得美國有機可乘分裂蘇中,但是並沒有幫助美國贏得越戰,反而是15年後贏了冷戰。可說是美國輸了眼前戰役卻贏了未來戰爭。

貳、美國對越南情勢之判斷

美國一開始介入越南內戰時是基於許多樂觀情緒與基於多米諾骨牌理論,特別是國共內戰的經驗使得美國認為,當初不協助國民黨政府是中華民國只剩台灣、澎湖、金門與馬祖的主因。而韓戰後以北緯 38 度為界成功保住半個韓國。因此,提出多米諾骨牌理論,協助南越抵擋共產政權的擴張,能有助於該地區抵擋紅潮。然而,隨著北越在 1968 年發動的新春攻勢(Tet offensive),導致 2500 多名美軍喪生,連美國駐西貢大使館也遭到越共襲擊,館內美軍 5 人死亡。這個時間點又是美國總統大選年,國內反戰的聲浪早已蓋過共產主義擴張的威脅。最後,國會不再支持為這場戰爭撥款,尼克森當選總統的主要任務即是從越南撤軍。

再者,美國民眾對越戰的看法產生轉變,對美國政府在距離遙遠的東方介入內戰因曠日廢時而且傷亡慘重而變得反對。剛普及的電視轉播性質促成日益高漲的反戰情緒,也導致人們對政府普遍不信任,巨大的反戰浪潮對戰爭期間的總統形成政治壓力,導致在拉丁美洲和其他地區的衝突中採取更謹慎的態度。一直到單極時代,美國才在阿富汗犯下類似的錯誤。

另一個值得的探討之處是美國直接出兵協助南越,卻輸給沒有得到蘇聯派兵的北越。很明顯的,北越強烈的民族統一主義打敗南越政府統治的腐敗,也克服雙方軍事力量的差距。另外,美國的戰略錯誤在於只是想將戰場控制在南越,而不進行越界攻擊而無法擴大戰果。這雖然是從韓戰的教訓而採取有限的戰爭,但

是卻大大侷限美軍的能動性。美軍在擔心部隊進入北越時會跟蘇聯直接發生衝突的顧慮下，使得北越得到只攻不守的優勢。正因如此，攻擊的時間和地點幾乎都是由北越選擇，失利時就越過邊境退到老撾和柬埔寨的安全地帶。冷戰時期的兩次亞洲戰爭美軍都是千里迢迢的以一敵二或是三，地緣上的距離促使華盛頓決定利用中國與蘇聯之間的矛盾，不僅有利於緩解越戰失利的壓力，也能讓美國能更專心應付蘇聯的挑戰。

參、越戰之後續影響

越戰失敗對美國的軍事戰略和外交政策都產生深遠影響。這場一開始對抗共產主義的道德，到後來成為美國國內社會對立的根源，導致日後美國對介入外國內戰都必須瞻前顧後。不論是福特總統或是卡特總統在冷戰時期的外交政策與境外衝突都顯得軟弱和過度謹慎，而就算是想要在反共事業有一番作為的雷根總統，也不得不以秘密行動方式阻止格瑞納達的共產主義獨裁政府採取先發制人的行動，顯示出他也顧忌反對干預主義的國會會將格瑞納達行動稱為下一個越戰。

越戰使美蘇中三角關係產生了變化，特別是古巴飛彈危機後又有越戰，加深美國決定要放棄對中華民國的支持改轉為對中華人民共和國的支持。這場戰爭凸顯了美國實力的局限性，並促使交戰各方重新考慮各自的戰略。另一方面，北越作為獨立個體，簽署1954年的《日內瓦協議》和1973年的《巴黎和平協議》，前

者簽約後不到一年爆發越戰,後者則是促成美軍退出南越後,北越得以全面進攻南方,不到兩年時間統一全國。這段歷史表明,和平從來不是來自協議,而是來自於是否有能力保衛國家。

第三篇

1970 年代：和解與重塑
Back to the 1970s: Détente and Redesign

中東地區之戰爭、和解與民族主義發展

崔進揆／中興大學國際政治研究所副教授

壹、前言

2023 年 10 月 7 日中東加薩地區的極端主義團體哈瑪斯（Hamas），針對以色列和猶太社群發動陸、海、空三面的襲擊，造成以色列方面 1,200 人的死亡，並有近 250 人被脅迫挾持為人質。哈瑪斯發動攻擊的時間點實際具有特殊的意義，因其正值 1973 年十月戰爭（又稱「贖罪日戰爭」）50 週年，以及沙烏地阿拉伯和以色列欲開展關係正常化之際。距今 50 年前，埃及和敘利亞針對以色列發動南北夾擊的攻勢，戰事初期雖然阿拉伯聯軍具有軍事上的優勢，但最終仍被以色列以寡擊眾，反敗為勝。2023 年 10 月，加薩地區哈瑪斯和黎巴嫩南部真主黨同日對以色列展開攻擊，頗有仿效 50 年前十月戰爭的意味。另，沙烏地阿拉伯、以色列雙方在哈瑪斯攻擊之前正在美國的積極斡旋下商討彼此關係正常化的可能性，且協商已進入最後階段。一般預測，若無哈瑪斯的攻擊行動，沙、以兩國關係正常化可在去年底被實現，而中東地區阿以關係正常化的進程將進入新的里程碑。事實上，不論是十月戰爭，亦或是阿以關係正常化，兩者都可以追溯至 1970 年代中東地區的國際關係。

貳、埃及與以色列之和解進程

1970年埃及總統納瑟（Gamal Abdel Nasser）過世，新上任的沙達特（Ariel Sadat）採行新政策，欲收復埃及在1967年六日戰爭中的失土西奈半島，因此結合敘利亞對以色列發動攻擊。1967年的六日戰爭對阿以關係具有決定性的影響，在戰爭中以色列佔領了加薩、約旦河西岸、東耶路撒冷、西奈半島、戈蘭高地，加薩、約旦河西岸、東耶路薩冷都是1947年聯合國第181號決議案（又稱「巴勒斯坦分治決議」）原本欲讓巴勒斯坦人建國之地，但以色列透過戰爭方式強行佔領，以色列的佔領行為至今仍讓阿拉伯國家對以色列有諸多不滿，而戈蘭高地主權問題目前亦存有高度的爭議，阿拉伯國家並不贊同川普前次執政時美國單方面宣佈承認以色列對戈蘭高地具有主權的作為，當時也引發中東和伊斯蘭世界對美國和以色列的高度不滿。聯合國安理會曾在1967年六日戰爭時通過第242號決議，要求以色列退出軍事佔領的土地，但以色列並未遵守安理會的決議。1973年十月戰爭，聯合國安理會又通過了第338號決議案，要求交戰各方停火，並執行第242號決議案的內容。安理會第242號和第338號決議成為阿拉伯世界討論巴勒斯坦問題的基礎，大多數阿拉伯國家都主張以色列必須尊重和實踐前述兩項安理會的決議，而兩決議在過去數十年間也成為阿拉伯國家對以色列和巴勒斯坦問題的共識。

1970年代末，埃及開始思索與以色列發展正常化關係。經歷過多次戰爭的埃及認知到無法以軍事方式擊潰以色列的現實，且西方諸國多已承認以色列，因此在權衡國際情勢與和收復西奈半

島失土意念的驅使下，埃及的領導階層展開與以色列的對話，開啟埃、以兩國和談的契機。是故，在美國總統卡特（Jimmy Carter）的積極斡旋下，埃及與以色列最終簽署和平條約，達成兩國和解的政治成就。根據埃以和平條約，埃及承認以色列，以色列歸還西奈半島予埃及，兩國同意西奈半島非軍事化。埃以和解在歷史上具有重要的意義，埃及成為阿拉伯世界首個承認以色列的國家，而以色列也成功取得阿拉伯世界重要領導國家的政治和外交承認，這對以色列來說深具意義。以色列自1948年5月14日建國以來，並不被阿拉伯國家所承認，也開啟與周邊阿拉伯國家之間的衝突與戰爭，埃及的認可有助於以色列提升在區域和國際社會的地位。埃及總統沙達特和以色列總理比金（Menahem Begin）因為埃以和解和大衛營協定獲得諾貝爾和平獎的提名，同時也是1978年的共同獲獎人。

參、埃及政策轉向之影響

惟，埃及的政策轉向並未得到其他阿拉伯國家的認同，甚至被視為是對阿拉伯世界的背叛，區域組織阿拉伯國家聯盟（The Arab League）更隨即終止埃及的會籍，並將組織總部由埃及開羅遷往突尼西亞的突尼斯，埃及一直要到1989年才重回阿拉伯國家聯盟，組織總部在1990年也才重新遷回開羅。沙達特的外交轉向，除了不被阿拉伯國家廣泛認可外，埃及內部也有許多反對的意見，沙達特在1981年被埃及的民族主義者暗殺，主要原因就是

出於對沙達特主導的埃以和解不滿。另，埃以關係的正常化也未能帶動其他阿拉伯國家承認以色列的政治效應，阿拉伯世界一直要到1994年才有第二個國家約旦給予以色列外交承認。約以關係正常化與埃以關係正常化相似，約旦同樣也是出於自身利益的需求，以及對難民、水資源等問題的考量，才選擇開展與以色列進行相互的承認。

值得關注的是，在埃及與約旦之後，整個阿拉伯世界一直要到2000年後，川普（Donald Trump）執政時，才再有其他國家承認以色列。在川普政府力倡，以及伊朗在2003年美伊戰爭後勢力快速擴張等因素，阿拉伯聯合大公國（UAE）、巴林、蘇丹、摩洛哥在2020年相繼承認以色列。美國、以色列、阿拉伯聯合大公國、巴林共同簽署的協議被稱為「亞伯拉罕協議」（Abraham Accords）。

十月戰爭與埃以和平條約使得埃及在阿拉伯世界的領導地位受挫，連帶影響以埃及為中心的泛阿拉伯主義（Pan-Arabism）發展。埃及於1950年代蘇伊士運河危機奠定自身在阿拉伯世界的領導地位，當時埃及總統納瑟因為成功對抗英國、法國，並促成英、法兩國勢力在蘇伊士運河危機後退出中東，而被阿拉伯世界視為民族英雄，埃及在區域和國際上的地位也連帶提升，成為可與沙烏地阿拉伯分庭抗禮的區域強國。埃及標榜開明的世俗主義政治路線，政治體制採共和制；沙烏地阿拉伯的宗教保守色彩是其特色，政治體制為君主立憲制。由於國家地位的提升，埃及總統納瑟也順勢提出了所謂泛阿拉伯主義的構想，主張基於共同的宗教

信仰、語言、文化、歷史記憶，阿拉伯國家應該團結一致，進而形成一個具政治實力的政治實體。納瑟泛阿拉伯主義的構想可以被理解為是廣義的阿拉伯民族主義，也接近伊斯蘭世界中所謂溫瑪（Umma）的概念，亦即英語世界中的社群（community）。受到納瑟泛阿拉伯主義的號召和影響，埃及曾經與敘利亞在 1958-1961 年間短暫組合成阿拉伯共和國（The United Arab Republic），具體實踐了政治統合的可能性。

然而，納瑟的泛阿拉伯主義最終仍受到挑戰與挫敗，除了阿拉伯共和國的分裂，以及未能實踐阿拉伯世界的繁榮願景外，納瑟本人的過世也象徵泛阿拉伯主義的式微。泛阿拉伯主義之所以能夠興起，最主要原因就是埃及在蘇伊士運河危機中對抗西方強權的成功經驗，以及納瑟本人的政治魅力。缺少了納瑟的領導，以及埃及和阿拉伯國家在 1967 年六日戰爭中的挫敗，都讓泛阿拉伯主義的推動遇到了瓶頸。在埃及納瑟之後，阿拉伯世界其他國家和領導人，例如：敘利亞的阿薩德（Hafiz al-Assad）、伊拉克的海珊（Saddam Hussein）、利比亞的格達費（Muammar al-Qaddafi），爭相競逐，展現各自的政治影響力，並欲取代埃及和納瑟在阿拉伯世界的領導地位。埃及在 1970 年代末的政策轉向，以及被阿拉伯國家的孤立，不僅象徵著埃及領導地位的衰退，也象徵著泛阿拉伯主義的式微，阿拉伯國家和人民對泛阿拉伯主義的熱情也不如既往。

肆、結論

　　1970 年代是美國和蘇聯兩大強權競逐權力、影響力的年代，中東地區雖然也受到美、蘇冷戰的影響，但區域內部國家間的權力結構和互動關係也出現轉變，這個轉變與阿以衝突和區域情勢發展有關，也與泛阿拉伯主義和阿拉伯民族主義的推動有關。欲對當前的中東局勢有進一步的了解，特別是巴勒斯坦問題、阿以關係正常化等議題，就必須回溯、了解區域國家在這個特殊的時期間所經歷過的歷史事件。例如，針對目前加薩戰爭和以色列在加薩駐軍的問題，埃及始終強力反對，認為以色列駐軍明確違反過去埃以和約的內容，而埃以和約的背景就是在 1970 年代的中東。在探討國際政治和區域問題時，國際關係理論雖然提供了研究者分析、論述的架構，但對歷史事件的爬梳和掌握也相當重要，區域發展史對政策分析和學術研究提供重要的參考價值。

國關大理論是否現在還能適用？

平思寧／成功大學政治系副教授

壹、衝突的類型

自從二戰結束以來，由於兩次大戰的傷亡以及對國家發展的重大傷害，政治學者開始注意國際關係的分支研究，特別是二戰結束後緊接著美蘇對抗，國際關係學者開始專注於「戰爭研究」（或說「安全研究」）。

從烏普薩拉衝突資料庫（Uppsala Conflict Data Program, UCDP）提供的資料來看，從二戰結束後國際社會衝突的型態為何，這也能反映從二戰之後再經歷冷戰，直到冷戰結束後國際社會衝突的原因。

圖1：武裝衝突次數（1946-2023）

從圖 1 可以看出，黑線標示出從二戰結束後（1946 年）國際社會中的武裝衝突仍然不斷攀升，1991 年到達顛峰，總共發生 53 場當年死傷人數超過 25 人的武裝衝突，之後緩慢下降，直到 2011 年後又開始上升，並超越了 1990 年代，去年（2023 年達到最高峰，一年 58 場當年超過 25 人死傷的武裝衝突）。我們進一步經由資料分析，在這些武裝衝突中又可分為較嚴重的「戰爭」（即當年該次武裝衝突死傷人數達到 1,000 人以上），或是較為不嚴重的「衝突」（武裝衝突泛指這兩類，「衝突」專門指稱較輕微的戰鬥，當年該場武裝衝突死傷人數為 25 人到 999 人），從 1946 年開始，武裝衝突中除了 1947 以及 1948 年以外，整體而言都是較為輕微的衝突（深灰色柱狀）較多，而最嚴重的戰爭（淺灰色柱

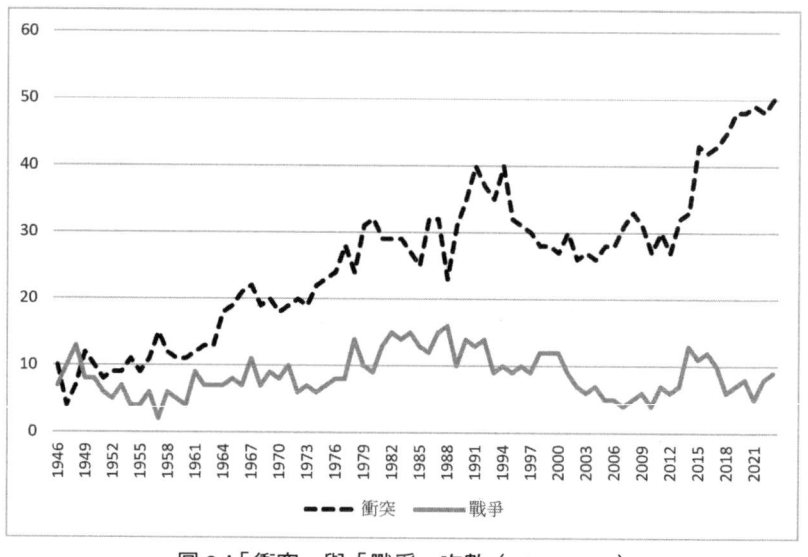

圖 2：「衝突」與「戰爭」次數（1946-2023）

狀）則發生在冷戰結束前的 1980 年代最多，分別是 1988 年共有 16 場，以及 1982 年、1984 年與 1987 年分別發生 15 場的戰爭。整體而言，遺憾的是國際社會的武裝衝突數量並沒有減少，甚至在邁向 2020 年後，武裝衝突頻繁的程度反而成為歷史新高，但唯一慶幸的是，這其中不斷攀升的是小規模的「衝突」，而較嚴重的「戰爭」則沒有上升的趨勢（圖 2）。

以全部的武裝衝突來看（圖 3），黑色區塊的國際武裝衝突（國家與國家之間的直接對抗）從 1946 年後越來越少，相對的深灰色區塊代表的國際化國內武裝衝突（國內武裝衝突有第三方軍事干預）與單純的國家內部武裝衝突次數都呈現上升，且不相上下。不過有趣的是，到底有第三方軍事干預的內戰算是內戰還是國際戰爭呢？

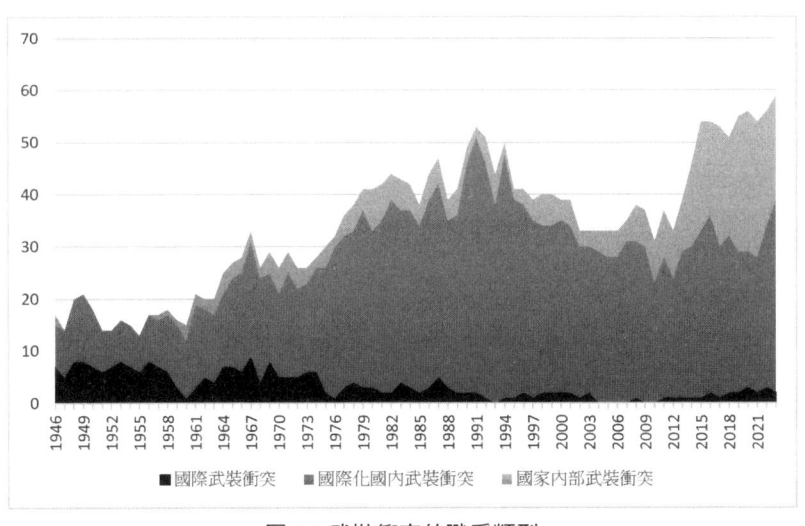

圖 3：武裝衝突的戰爭類型

圖 4-1 將國際化的國家內部武裝衝突作為國家內部武裝衝突，我們可以見到所謂的國家內部衝突次數壓倒性的佔我們現今衝突的大宗。但若如圖 4-2 將國際化的國家內部武裝衝突，視為國際武裝衝突的一部份，那麼大致從冷戰結束之後，國際跟國內的武裝衝突的發生的確不分軒輊。

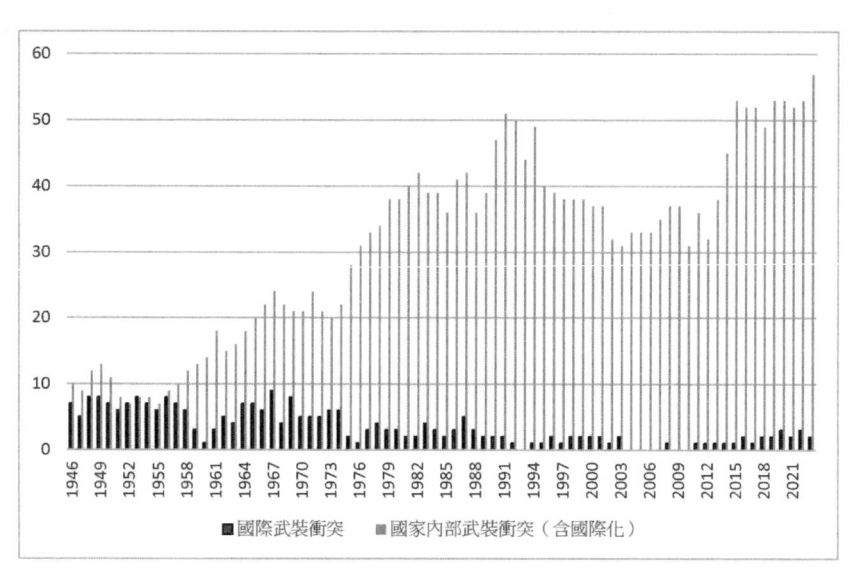

圖 4-1：國際武裝衝突 vs. 國家內部武裝衝突（含國際化內部衝突）

實際上學界多傾向將國際化的國家內部衝突回到衝突的本質，也就是因為先有國內衝突，導致國外軍事干預，所以主要作為內戰視之，很大的原因是當我們要找到衝突原因，還是必須回到國內政治矛盾來觀察研究。

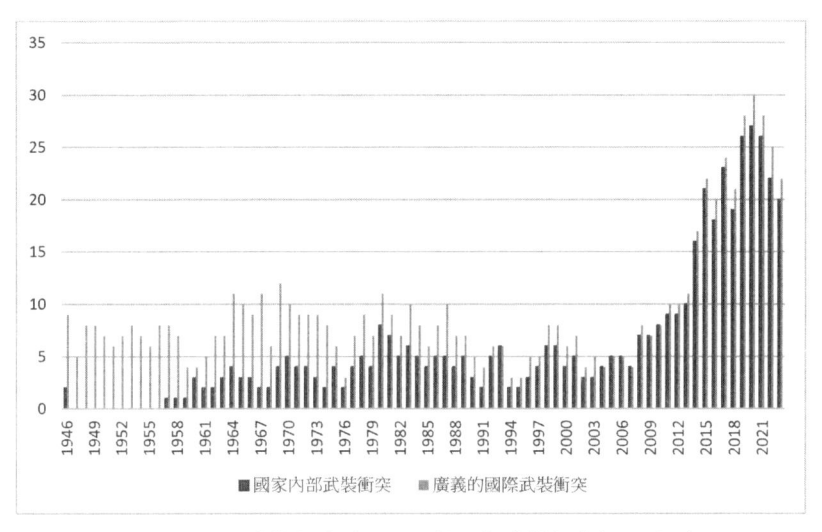

圖 4-2：國際武裝衝突（含國際化內部武裝衝突）vs. 內戰

圖 5-1：不同類型的衝突

平思寧／國關大理論是否現在還能適用？　159

再觀察不同規模的武裝衝突，雖然 Y 軸的次數不同，但可以明顯看出戰爭的數量較衝突少，而在較為輕微的衝突中（圖 5-1），他國干涉的國家內部小衝突數量非常多，單獨的內部衝突在 2010 年代之後也變多，但國際衝突以及國際化內部衝突在 2020 年後有些許的增加。而圖 5-2 顯示較為嚴重的戰爭趨勢似乎就比較難以預測，國際戰爭比較激烈的時期在 1970 年代中期之前，之後就已經漸漸趨零，國際干預下的內戰，在 1990 年代後嚴重程度也趨緩；至於單獨的內戰，在 2010 年後有惡化的趨勢，但也短期內趨緩。

但值得觀察的一點是，無論是小規模的衝突，到較為嚴重的戰爭，我們都發現有幾個高峰，除了這些時段之外，所有類型的衝突與戰爭似乎都應該往更好的方向發展，但是從圖 5-2 看到，

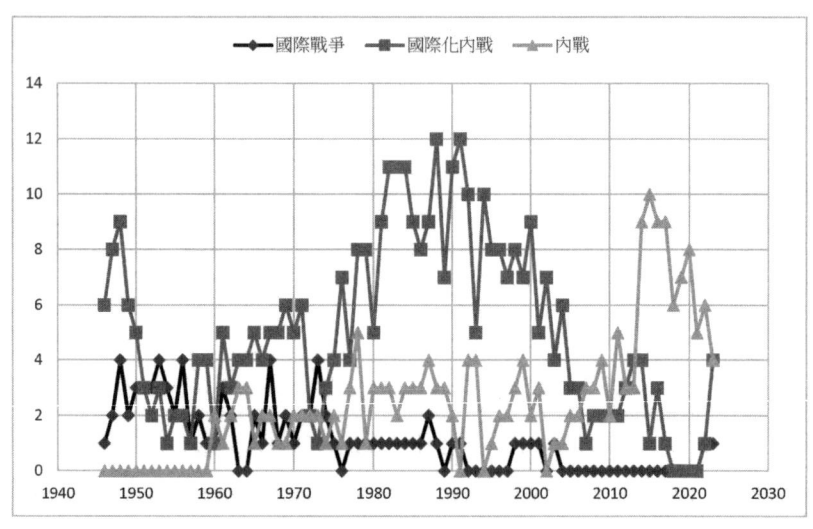

圖 5-2：不同類型的戰爭

當我們把注意力放到國家內部暴力可能是現今衝突的主流時，國家與國家對抗的武裝似乎又開始了。

另外，有關不同類型的嚴重程度，圖 6-1 顯示不同國際武裝衝突的嚴重程度，小規模與大規模的武裝衝突在 1970 年代都開始降低，但是值得注意的是，小規模的武裝衝突從 2007 年開始又往上升，而重大的戰爭在大約 20 年後又回來了。圖 6-2 顯示國際化的國家內部衝突以及國際化內戰，在 1990 年代之後，小規模與大規模的武裝衝突都有降低的傾向，特別是有第三方干預的內戰顯著偏低，但如同國際武裝衝突，在 2022 年又有上升的趨勢。圖 6-3 則發現，內部國家衝突一直在成長，較為嚴重的內戰在 2011 年後也增加，但是下降的趨勢。

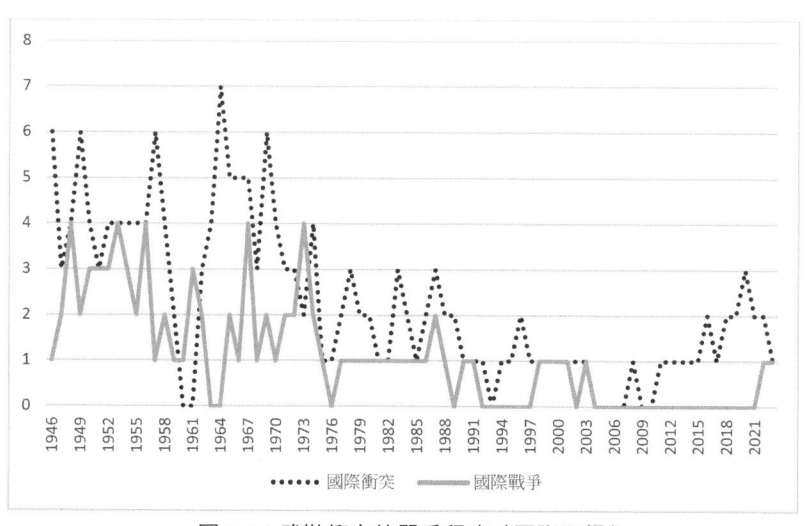

圖 6-1：武裝衝突的嚴重程度（國際層級）

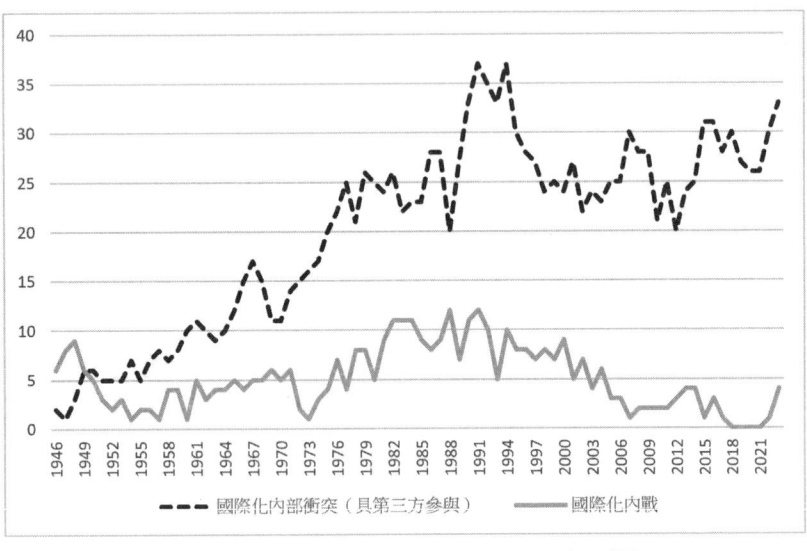

圖 6-2：武裝衝突的嚴重程度（國內／際層級）

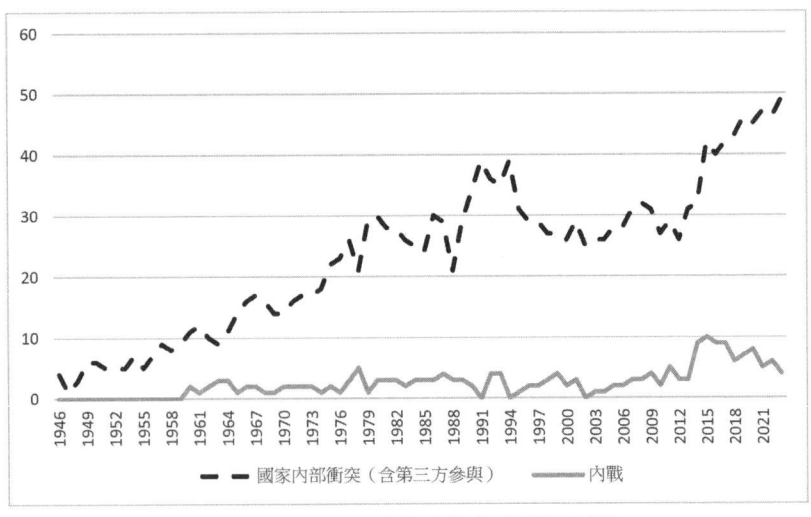

圖 6-3：武裝衝突的嚴重程度（國際層級）

我們比較圖 5-1、5-2，圖 6-2，國家內部衝突是現在武裝衝突的主流，但是國際化的國家內部武裝衝突其實佔有很重要的角色，特別是規模小的內戰，第三方軍事干預十分頻繁。

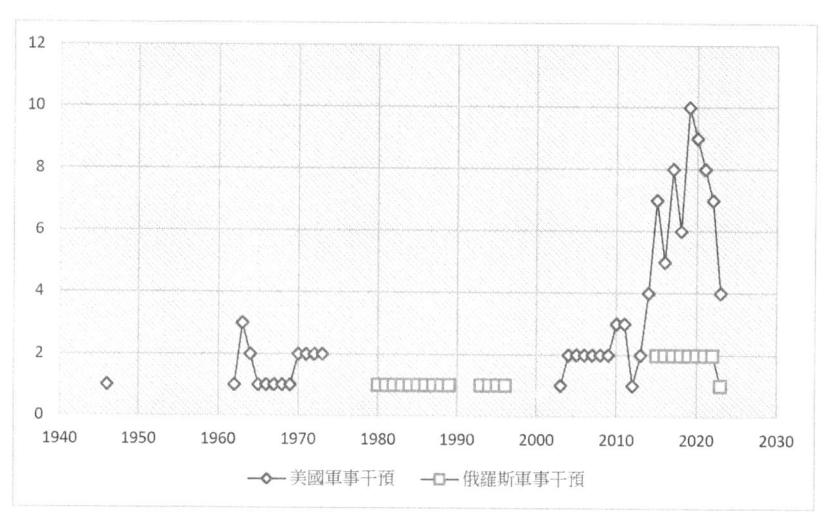

圖 7：美國與俄羅斯軍事干預他國內戰

若結合國際關係裡大國的結構，將 1946 年開始的國際化內戰干預國分為兩個主要敵對國家美國以及俄羅斯（含前蘇聯），圖 7 可以看出在 2010 年前，美國與俄羅斯的干預都非常節制，很少干預他國內部衝突。冷戰開始到 1970 年代中，即便次數不多，但美國軍事干預他國的情況比較多，而蘇聯反而在 1970 年代末到 1990 年代中期出現比較頻繁的干預。比較多干預的反而是內戰的鄰國，以及前殖民國家。更有趣的是，幾乎沒有一場內戰同時由美國以及俄羅斯「同時」進行軍事干預，對抗的兩大陣營都不願

同時在一個戰場出現,所以國際化的內戰如果有美國與俄羅斯勢力介入,也可謂是另一種的「代理戰爭」(proxy war)。而在反恐戰爭後,美國對外干預內戰的頻率急遽增加,也是現在國際社會中主要出現的衝突模式。

綜合以上的數據,我們對於二戰結束後的國際安全可可以以下幾點的發現:第一,武裝衝突的數量並沒有降低趨勢,而整體而言,以國家內部武裝衝突的數量是最多的,國際化武裝衝突次之,而國際武裝衝突數量上最少;第二,小規模的「衝突」:國際化國家內部衝突是最多的,而在 2020 年之後,仍然在上升;內部衝突的數量目前呈現降低,但國際化內部衝突在攀升,國際衝突亦然;第三,大規模的戰爭:在 2005 年之前,國際化的內戰數量最多,但是 2005 年後數量下降,被內戰取代。國際戰爭在冷戰後就極少,甚至在 2000 年消聲匿跡,但是在近年又出現;第四,以不同的武裝衝突來看,國際化的國家內部武裝衝突無論規模,近年來都有上升的趨勢;而單獨的內戰,不論規模大小都有下降的趨勢;第五,如果我們注意大規模的戰爭,那麼值得注意的就是在 2020 年之後國際戰爭又死灰復燃,而有第三方參與的國家內部武裝衝突,無論規模大小的數量也增加;最後,這樣的趨勢不禁讓研究國際關係的我們提出疑問:我們過去學習的國際關係理論是否還能解釋現在的衝突型態?

貳、國關大理論對於現今衝突的解釋？

一、武裝衝突現況

在 2020 以後的戰爭有一場國際戰爭,就是烏俄戰爭,有 11 場的國際化內戰,包括在奈及利亞、亞塞拜然、(北)葉門、衣索比亞、布吉納法索、緬甸、蘇丹、敘利亞(俄羅斯干預)、索馬利亞(美國干預)、阿富汗(美國干預),以及馬利(美國干預),以及 4 場在以色列、緬甸、蘇丹以及衣索比亞的內戰。

我們以近期較為受到關注的國際性戰爭來看,從 1949 年開始,以巴之間就開始了武裝衝突,除了 1997 年到 1999 年、2013 年、2015 年到 2017 年還有 2020 年沒有任何衝突發生以外,一直都有武裝衝突,在 1976 年、1973 年、1982 年、2014 年以及 2023 年甚至有死傷規模較大的「戰爭」。烏克蘭與俄羅斯兩國因為冷戰與意識形態的關係,兩國之間的不合其實一直都被壓抑,但是相鄰的邊界以及主權不明的區域,一直都是兩國爭執點,從 2014 年到 2023 年都一直有武裝衝突,2014 年、2015 年、2022 年以及 2023 年有大規模的戰爭,包括有關克里米亞主權以及現在的烏俄戰爭,那麼是否過去的大理論能夠解釋?

二、國關大理論

由於國際關係的理論十分多,此處僅挑一些主流理論來分析:首先是結構主義:結構主義以國際間權力結構來解釋武裝衝突的理論,包括(新或結構)現實主義與權力轉移理論,主要解釋

大國之間的國際政治,特別是以敵對國家之間的權力結構等預測武裝衝突發生的理論。然而很明顯的,這樣的理論主要解釋的是大國的衝突,但是從 1946 年以來,不論冷戰時期的蘇聯與美國,或是近期的中國與美國之間的危機,都沒有發生過重大衝突,而無論是以巴衝突或是烏俄戰爭,都不是大國之間的權力角逐,所以結構主義的國關理論似乎目前為止仍未能展現其預測能力。

其次是以國內制度分析為主的理論:除了國際權力結構之外的理論,有其他的國關學者嘗試使用「國內制度」解釋戰爭為何會成為外交政策的第一選項。例如民主和平論或是貿易和平論,以國家與國家之間制度上的差異解釋戰爭可能發生的原因。其他還包括「遴選集團理論」、「聽眾成本」等,都是在以國內的政治制度解釋政府選擇外交手段的原因。但即便在大樣本的研究下,證實了可能國際社會中「類似制度」的國家較不易選擇以戰爭作為解決爭端的手段,但是「制度的類似」只能給我們解釋「相關性」,並沒有能解釋衝突發生的「因果機制」。如果以以巴衝突以及烏俄戰爭來看,以色列的制度是所有衝突國家中最好的,而巴勒斯坦的制度很難明說,但顯然民主國家的避戰機制在以巴衝突中不甚適用;烏俄戰爭的兩個國家都非民主前段班,但烏克蘭顯然比俄羅斯好許多,以國內制度來作為解釋衝突的主因顯然並不適用。

第三是理性選擇理論:另外,有學者開始朝向針對「研究途徑」來研究戰爭起因。理性主義學者認為,有兩大原因導致戰爭:誤判以及承諾問題。誤判的可能是自身與對手的「能力」以及「決

心」，承諾問題可能讓想要尋求和平的國家最終無法抵抗武力作為自我防衛的手段。但理性選擇也因為假設的問題，不解釋所謂「無法分割議題」（indivisible issues）導致的戰爭，例如領土與意識形態等議題。然而，從以巴問題以及烏俄戰爭中可以發現，長期的領土糾紛可能是這些衝突的遠因與導火線，這也是理性選擇無法解釋的。然而除此之外，理性主義是否就能夠作為國關的大理論解釋國際衝突？

參、結論

Erik A. Garzke 在 1999 年發表的一篇文章中指出[1]，理性主義可以較好地「解釋」衝突，但是卻未能達到「預測」衝突，或許可以預測「危機」，因為國家之間爆發衝突可以是因為不確定性與不相信未來承諾，但是所有交往中充滿不確定以及不信任的國家，都會爆發衝突嗎？Garzke 認為，戰爭目前還是一個偶然事件，基本上無法預測，我們可以好好解釋它，但是卻無法預測，就像我們信仰已久的（新）現實主義或是認為解釋中美衝突最好的權力轉移理論，到目前為止，中美有緊張的時刻，但卻沒有衝突，小規模都沒有，這也可能是國關理論上最大的危機與困難。

---

1. Erik A. Garzke, "War Is the Error Term", *International Organizations*, 53:3(1999), pp.567-587.

冷戰結構轉型與戰略三角之演進
邱昭憲／中正大學戰略暨國際事務研究所副教授

壹、前言

　　冷戰並非一直處於敵對緊繃狀態，期間有升溫和冷卻的時候，而 1970 年代即是冷戰史上一個極具轉折性的時期，這十年見證了國際政治格局的重大變革。相對於 1962 年曾出現美蘇兩強緊張對峙的古巴飛彈危機，因在相互保證毀滅（Mutually Assured Destruction, MAD）的嚇阻下所採取的戰爭邊緣政策（Brinkmanship）；1970 年代兩極對抗模式卻逐漸出現變化，令東西方對峙關係趨緩出現所謂「低盪」（Detente）時期。在「低盪」時期，美國、蘇聯和中國之間形成的戰略三角關係成為國際關係的核心特徵。這種三邊關係的出現，打破了傳統的冷戰兩極對抗模式，美蘇中在對抗中尋求合作，在競爭中謀求平衡，三方互動的動因與模式對國際關係產生了深遠的影響。

貳、冷戰格局轉變與戰略三角的形成

　　1960 年代末期，國際政治開始呈現出明顯的結構性變化。傳統的美蘇兩極對抗格局逐漸轉向更為複雜的多極互動模式，這一轉變首先體現在共產陣營的內部分裂上。中蘇關係的惡化不僅僅出現在批評對方偏離國際共產主義為修正主義者，同時在地緣政治利益上亦產生了根本性分歧。這種分裂不僅動搖了社會主義陣

營的團結，更為美國的戰略調整提供了戰略性機遇。與此同時，全球經濟格局也發生深刻變化，日本和西德等國家經濟實力的迅速崛起，讓冷戰兩極模式逐漸變得模糊，特別是在經濟全球化的推動下，國際社會的相互依賴不斷提高，這使得純粹的意識形態對抗變得越來越不切實際。

1969年尼克森就任美國總統後，與其國家安全顧問季辛吉推行了現實主義的外交政策，將尼克森主義作為擺脫意識形態束縛的核心。這一轉變具有深刻的歷史背景：首先，美國在越南戰爭中的困境促使其不得不重新思考全球戰略；其次，美國經濟相對實力的下降要求其採取更為靈活的外交政策；第三，中蘇關係的裂痕為美國提供了重要的戰略機遇。季辛吉作為一位現實主義外交家，敏銳地把握住了1960年代以來的歷史機遇，因而在1970年代為美國大戰略在國際關係中穿梭佈局，在冷戰強權對峙中出現大國合作的緩和局勢。其中他認為通過改善與中國的關係，美國可以在戰略上獲得雙重收益：一方面可以利用中蘇矛盾來制衡蘇聯的力量，另一方面也可以為解決越南問題創造有利條件。這種戰略思維的轉變為後來美國與中國關係正常化奠定了重要基礎。

參、低盪時期美蘇中大國關係之動態演變

國際關係學者羅德明（Lowell Dittmer）對1970年代戰略三角關係的分析提供了一個深刻的理論框架。在他的理論中，戰略三角的互動模式可以分為幾種典型類型：結婚型關係、羅曼蒂克型

關係和家族型關係。1970年代的特點是從一種結婚型關係向另一種結婚型關係的轉變：從1960年代的中蘇結盟、美國孤雛的關係，轉變為1970年代的中美夥伴、蘇聯孤雛的關係。這種轉變過程極其複雜，涉及多個層面的考量。

在政治層面，三方都試圖通過調整彼此關係來增強自身的戰略地位。對美國而言，改善與中國的關係可以增加對蘇聯的戰略籌碼；對中國而言，改善與美國的關係可以減輕來自蘇聯的壓力；而對蘇聯而言，則需要防止中美結盟對其形成戰略包圍。在經濟層面，三方的互動也呈現出複雜的特點。美國希望通過經濟合作來影響中國的對外政策取向，同時也試圖通過經濟手段來影響蘇聯的行為。中國則希望通過對外開放來促進經濟發展，而蘇聯則面臨著經濟體系改革的壓力。在軍事安全層面，三方的互動更為微妙。美蘇之間雖然開始了軍備控制談判，但軍事競爭並未真正停止。中國在這一過程中扮演了平衡手的角色，既不與任何一方結盟，又通過靈活的外交策略維護自身安全利益。

1970年代的低盪時期是冷戰史上一個獨特的階段。這一時期的特點是，在保持基本對抗的同時，各方也在尋求合作的可能性。1972年的SALT I（Strategic Arms Limitation Talks I）協議和《反彈道飛彈條約》（Anti-Ballistic Missile Treaty）與「臨時協議」（Interim Agreement）等軍備控制機制的簽署，標誌著美蘇在軍備控制領域達成了重要共識。這些協議的達成並非偶然，而是雙方在相互確保毀滅理論基礎上做出的理性選擇。

在這一階段，美蘇關係呈現出多層次的特點。在戰略層面，

雙方雖然保持著核心利益的競爭，但也認識到無限制對抗的危險性。在經濟領域，雙方的交流逐漸增多，特別是在糧食貿易和技術合作方面。在文化領域，兩國之間的人文交流也有所增加，這為緩和雙方關係創造了有利氛圍。中國在這一時期扮演了極其重要的角色。1971年季辛吉的密訪北京和1972年尼克森的正式訪中，代表著美國試圖打中國牌，利用中蘇關係的弱點以提升美國的戰略收益。此不僅改善了中美關係，亦促使蘇聯在個別議題上願意放低對美國的姿態，對整個國際關係產生了深遠影響。1972年「上海公報」的發表標誌著中美關係進入了一個新階段，其中確立的一個中國原則和反對霸權主義的立場，為兩國關係的發展奠定了基礎。同時，中國在聯合國地位的改變也是這一時期的重要標誌，1971年中華人民共和國恢復在聯合國的合法席位，這不僅改變了中國的國際地位，也使得聯合國的運作機制發生了重要變化。

肆、戰略三角下的區域政治與國際秩序

越南問題的解決過程是理解戰略三角運作機制的一個典型案例。1973年巴黎和平協議的達成以及1975年美軍最終撤離越南的過程，充分體現了三方之間複雜的利益博弈。美國在尋求撤出越南的過程中，不得不考慮中國和蘇聯的態度。中國在這一過程中採取了相對克制的立場，這與其改善對美關係的戰略考量有關，而蘇聯則試圖通過支持越南來維持其在東南亞的影響力。

在中東問題上,季辛吉以「穿梭外交」協助穩定以色列與阿拉伯鄰國關係,而美蘇的互動儘管複雜,雙方在這一地區存在著根本性的利益衝突,但也都認識到避免直接軍事衝突的必要性,而通過聯合國維和機制,兩國在一定程度上實現了危機管控。中國在這一問題上的立場相對平和,這使得其能夠在美蘇之間發揮一定的平衡作用。印巴衝突是另一個值得關注的區域問題。1971年的印巴戰爭中,美國支持巴基斯坦,而蘇聯則支持印度,中國則基於自身戰略考慮採取了支持巴基斯坦的立場。這一事件充分展示了區域衝突如何與大國戰略互動相互影響。

1970年代「低盪」時期的美中蘇戰略三角關係發展,深刻影響了國際秩序的演變。首先,它推動了全球化進程的發展。經濟體系的整合程度不斷加深,跨國公司的影響力顯著增加,國際金融體系也經歷了重要變革。這些變化不僅改變了國際經濟格局,也為後冷戰時期的全球化奠定了基礎。在制度層面,這一時期見證了諸多重要國際機制的發展和完善。聯合國維和機制的作用得到加強,國際經濟合作機制不斷健全,軍備控制體系逐步形成。這些制度性變革對於維護國際和平與穩定發揮了重要作用,其影響一直延續到冷戰結束之後。更為重要的是,這一時期的經驗為國際關係提供了新的思維模式。它表明,即使在意識形態對立的情況下,國家之間仍然可以建立務實的合作關係。這種思維方式對於處理當代國際關係仍具有重要的借鑒意義。

伍、結論

1970年代的美蘇中戰略三角標誌著冷戰期間的兩極對抗變得模糊。這一時期最顯著的特徵是大國關係的複雜化、意識形態因素的相對淡化，以及現實主義外交的盛行。戰略三角的運作不僅改變了冷戰的基本格局，也為之後的國際秩序轉型奠定了基礎。從更深層次來看，1970年代的戰略三角關係為我們提供了一個理解大國關係的重要範例。它展示了大國之間如何在對抗與合作之間尋求平衡，如何在維護自身利益的同時實現國際秩序的相對穩定。這一經驗對於理解和處理當代國際關係中的大國互動仍具有重要的參考價值。同時，這一時期所建立的機制和規範，在冷戰結束後仍發揮作用，持續影響著國際政治的進程。在當前國際格局急劇變動的背景下，重新審視這段歷史經驗，對於把握國際關係的發展趨勢具有特殊的意義。這不僅有助於我們理解歷史，更能為處理當代國際關係提供有益的啟示。

冷戰真的結束了嗎？
陳冠任／中央研究院近代史研究所助研究員

　　本次論壇主題為「如果冷戰結束的話？」我就先不從國際關係理論來分析這個假設性的問題，但是這個問題可以從冷戰史的角度來觀察東亞與西歐歷史發展的不同，以及美國戰後在構築其國際秩序格局時的多樣性。

壹、東亞國家之戰後秩序想像

　　冷戰本質上為美國與蘇聯之間在意識形態、經濟制度與政治體制等多方面的競爭。冷戰爆發的主要原因為美蘇之間的相互不信任。隨著 1949 年北大西洋公約組織（The North Atlantic Treaty Organisation）、以及隨後 1955 年華沙公約組織（The Warsaw Pact）的成立，集體安全防禦體系（Collective Security System）使得美蘇之間的冷戰格局進一步升級。然而，北約模式並未被運用於東亞。在東亞，美國與其每個盟友都保持著單獨的共同防禦條約，但東亞國家之間卻沒有形成一個類似北約的集體安全防衛組織。這樣的歷史發展不禁讓我們去思考，儘管西歐和東亞在冷戰時期都依賴美國的援助，共同遏止共產主義的擴散，但為何形成了不同的國際安全體系的格局？我認為造成東亞特殊的國際安全格局的主要原因為日本帝國的解體與東亞各國之間的歷史糾葛，使其國際政治的性質與西歐大為不同。這種差異導致了美國對大西洋

和西太平洋的戰後集體安全體制採取不同的做法。對美國而言，其希望在西太平洋建立「非共」而非「反共」的組織。這其中主要的原因在於，在 1949 年之後，美國希望維持台海兩個政權分治的狀態，這讓蔣介石想要創建的亞洲版北約胎死腹中。

　　蔣介石率領的中華民國政府在戰爭勝利之後，同時也面臨到國內共產黨的挑戰。然而，在國共內戰中接二連三的退敗讓蔣倍感挫折。1949 年北大西洋公約組織的成立啟發了蔣在東亞組織軍事反共聯盟的想法，其試圖透過將國共內戰冷戰化，扭轉敗局。因此，同年 3 月，蔣介石開始策劃亞洲版的北約。雖然蔣介石與西方國家表面上維持良好關係，以獲得他們的援助，但他並不是真正信任西方國家，因為蔣認為西方國家一直在奴役黃種人，並將亞洲永久置於西方國家所領導的世界秩序底下。因此，在蔣的規劃中，在東亞的反共聯盟應以亞洲國家為主。在設定反共聯盟的框架之後，蔣介石於 1949 年 7 月與 8 月分別與菲律賓總統季里諾（Elpidio Rivera Quirino）以及韓國總統李承晚在碧瑤（Baguio）與鎮海會面。蔣試圖充當領頭羊，希望亞人地區的其他國家將最終響應這個反共聯盟，籌組屬於亞洲國家所領導的集體防衛體系。

　　蔣介石透過成立軍事反共聯盟藉機將國共內戰冷戰化的想法看似實現在望。然而，他那些看似堅定的反共盟友們在外交語言的背後卻充滿著自己的政治算計。季里諾與蔣會面後，認同與蔣的同盟協議應該側重於反共性質，遂指示菲律賓駐聯合國大使羅慕洛（Carlos Peña Romulo）草擬聯盟藍圖。然而，羅慕洛對聯盟的性質有不同的看法，其認為該聯盟應該側重於「非共」性質，而

且不應僅由中華民國、菲律賓與韓國組成，還應包括印度、越南和印度尼西亞。雖然季里諾身為菲國總統，擁有最終的決定權，卻也不能忽略羅慕洛的意見。因為菲律賓的在野黨也與羅慕洛持相同意見，且該意見普遍為菲律賓社會所接受。時值菲律賓總統大選之際，對於季里諾而言，連任菲國總統遠比與蔣介石共組反共聯盟還要來得重要。在連任總統與國內壓力的考量之下，季里諾的立場出現了轉變。季里諾公開向記者表示，他不會與蔣介石結成軍事同盟。菲律賓和中華民國「只是相互交流，以我們自己的方式面對共產主義」。取而代之的是，季里諾決定在東南亞通過適當的政治、經濟和文化合作方法維護該地區的和平與自由，因為其認為這是讓非共產主義國家獲得最高生活水平的道路，亦為抵禦極權主義入侵的最佳屏障。

除了來自國內的壓力之外，從務實的角度來看，季里諾明白東南亞的自由國家需要美國的積極支持。此外，加入反共聯盟會讓菲律賓招致麻煩。正如英國雜誌《經濟學人》（*The Economist*）一篇文章的分析指出，西太平洋的地緣戰略問題與北大西洋和歐洲大不相同。歐洲國家擁有相似的武裝力量並共享西歐文化，而亞洲國家則不然。與西歐的北約成員國不同，並非所有亞洲國家都能承擔軍事承諾。如果我們把西太平洋的地理因素考慮進去的話，那更可以理解這些現實考量背後的原因。在地理上，中華民國、韓國和菲律賓之間的領土並無毗鄰，反而是被海域所隔開。這些國家主要依賴美國軍事與經濟的援助，且缺乏能夠穿越海域支援其他盟國的海軍和空軍。在這種情況下，這些國家實質上無

法對於反共同盟做出任何貢獻。對於菲律賓而言,其領土不太可能遭受共產國家的入侵,所以馬尼拉政府將不會從與蔣介石和李承晚的軍事同盟中獲得互惠。相反地,如果菲律賓與中華民國與韓國共組聯盟的話,那馬尼拉很有可能被捲入中國大陸或韓半島的內戰泥淖當中。

貳、美國的區域秩序構想

雖然蔣介石設想此一反共聯盟是由亞洲國家所領導,但就現實而言,倘若沒有美國物質上的援助,該聯盟可能僅能流於形式上的存在。但對美國而言,蔣介石和李承晚之間的軍事聯盟很有可能是一場災難的開端,並在東亞引發全面的戰爭。杜魯門(Harry S. Truman)總統和國務卿艾奇遜(Dean Acheson)直白地表示:蔣介石提案不應使用「反共」一詞,且不應具有軍事性質。美國真正想要的是一個「有活力的亞洲聯盟或非共性質的國際組織」。顯然地,美國也希望亞洲的防衛組織是溫和的「非共」,而非具有軍事性質的「反共」。在國務院看來,大西洋和太平洋共同體之間存在內在差異,因為西歐的政治和經濟結構比西太平洋地區更穩定,而後者飽受內部紛爭之苦。日本帝國的留下的歷史遺緒也讓亞洲國家難以團結起來。美國認為有必要將日本納入東亞區域協定,但日本帝國在 1945 年馬尼拉大屠殺中的暴行以及 1910 年至 1945 年對韓半島的殖民統治,在韓國人和菲律賓人的腦海中留下難以抹滅的歷史傷痕。因此,艾奇遜直言,建立類似

協商大門。他對於杜魯門政府的不滿，讓蔣介石想要跳脫歐美的束縛，成為這個安全組織的領導者，以落實真正的外交自主。蔣遂與鄰近也具有反共理念的韓國與菲律賓聯繫，試圖運用此一方式，將杜魯門政府的注意力從歐洲轉移到亞洲。但是，在日本帝國的遺緒與戰後去殖民化與國家重建等議題交錯作用之下，為日後籌組反共聯盟埋下了日後失敗的遠因。此外，沒有美國實質上的支持亦為蔣介石籌組軍事反共同盟失敗的主要原因。儘管中華民國、韓國以及菲律賓的領導人對於美國的東亞政策頗有微詞，但是他們依然尋求美國在物質上的支持。然而，杜魯門政府不願意被捲入台灣海峽與韓半島的泥淖之中，所以不贊成亞洲國家籌組反共聯盟。取而代之的是，美國建立一個有別於北約模式的集體安全防衛體系，透過與盟國單獨簽訂共同防禦條約，進而避免在東亞引發全面戰爭。美國的此一做法滿足了當地盟邦的需求，只要他們的政權獲得美國的保護，那是否要真正消滅共產黨遂成為次要的問題了。沒有美國的支持，再加上其他亞洲國家的冷漠，一旦蔣介石的盟友獲得美國保證其政權安全的承諾，對於蔣介石反共聯盟的興致也就消逝殆盡。東亞最終也沒有發展成如北約般的集體安全防衛體系。

肆、結論

讓我們回到本次論壇的主要問題。雖然蘇聯已經解體，但是其遺緒依然存在於東歐地區，烏克蘭戰爭便是一個顯著的例子。

除此之外，雖然蘇聯的解體似乎標誌著美國「贏」得冷戰，然而，國際局勢依然動盪，特別在東亞地區，各國之間因為歷史問題依然關係緊張，而韓半島與台海兩岸的局勢依然緊張。所以，回應到今天的主題「如果冷戰結束的話？」，也許這個假設性問題可以變成一個開放性問題「冷戰真的結束了嗎？」。

美中破冰與東亞文化大融合之浮現
希家玹／中山大學亞太事務英語碩士學程助理教授

壹、引言

在冷戰期間，美國針對第一島鏈的國家實施文化冷戰政策，旨在通過教育、文化和經濟合作建立人際網絡，影響政治格局。這一政策不僅鞏固了美國在亞太地區的反共體系，還阻礙了這些國家與中國大陸的直接互動，達成孤立中共的目的。美國透過文化政策和藝術交流，推動了日本、韓國和台灣的經濟文化發展，並重塑了當地的傳統觀念。

進入 1970 年代，美蘇關係及冷戰局勢出現變化。儘管軍備競賽仍然激烈，但雙方簽署的軍控協議如《限制戰略武器條約》（SALT I）有效緩解了緊張局勢。此時，東亞地區的代理戰爭及其他經濟社會問題依然存在，但美國外交政策的調整為島鏈國家提供了喘息機會。尼克森訪華成為重大轉折，不僅促成中美建交，還為島鏈國與中國大陸的雙邊關係發展鋪平道路。這一冷戰時期的外交變化對整個地區的文化和經濟發展產生深遠影響，成為塑造「後冷戰時代」文化與經濟格局的重要分水嶺。

貳、研究與思考的問題

東亞各國間的文化交流因冷戰而受到阻礙，但隨著美國「遏制與孤立中國政策」的放鬆，美國的文化政策變化為文化互動提

供了新機會。島鏈國家如何抓住這一機遇，打破冰封，修補雙邊和多邊關係，並促進區域融合，是本研究的核心問題。為了研究這一時期的政策變化及其對區域發展的影響，建構主義提供了合適的理論框架。從建構主義的視角分析1970年代的文化互動，可以考慮四個方面：

（一）政治和社會背景：研究美蘇冷戰的政治背景如何影響東亞文化交流，探討這些交流如何挑戰或強化現有權力結構。

（二）相互認知：分析文化交流如何改變東亞國家間的認知，特別是1970年代日本流行文化如何重塑其形象，從殖民者轉變為文化影響者，並討論日中如何破冰，日文化產品進入中國的過程。

（三）非國家行為者的角色：探索流行文化人物、藝術家和媒體在促進文化聯繫中的作用，強調草根互動在塑造區域關係中的重要性。例如，山口百惠的文化產品在中國的影響是重要案例。

（四）變革性影響：舉例文化交流如何促進社會規範和價值觀的轉變，增進文化融合和共享身份感。

從建構主義的角度看，文化在塑造身份和利益方面扮演關鍵角色，這種互動不僅促進文化交流，還能建構友好的國際關係。透過文化合作，各國能更好地理解彼此，減少誤解，進而實現長期的和平與穩定。本文將以這四個層面分析1970年代的東亞文化交流發展趨勢。

參、東亞文化交流的四個層面

一、政治和社會背景：美國「文化冷戰」策略如何影響島鏈

在冷戰期間，美國對第一島鏈的國家（包括香港）實施了「文化冷戰政策」，旨在通過教育、文化和經濟合作建立人際網絡，影響政治格局，並鞏固其在亞太地區的反共體系。這些措施不僅強化了美國的戰略利益，也推動了當地的現代化，同時阻止了島鏈國與中國大陸的直接交流，達成孤立中共的目的。

美國的文化戰略包括利用文學、電影、音樂和藝術等形式傳播美國的價值觀和意識形態，並在全球範圍內進行宣傳。這些活動涉及政府和民間力量，尤其在台灣和香港，美國通過翻譯和出版文學作品傳播反共信息。

根據香港學者陳學然和張志翔的研究，美國通過「美援」將香港的教育與美國大學制度接軌，建立人際網絡，重塑亞洲政治格局，將香港轉變為美國主導的亞太反共體系的一部分。此外，娛樂事業也成為美國重要的文化工具。南韓學者李順眞的著作指出，1950 至 1960 年代，東亞和東南亞的電影界受到好萊塢影響，促進電影產業化，並成立亞洲電影製片人聯盟，舉辦亞太影展，這些活動不僅是電影人交流的場合，也是美國中情局維持與亞洲文化、政治聯繫的渠道。中山大學的王梅香教授認為，美國主導的文化冷戰是一場意識形態的戰爭，透過文化藝術實現戰略目的，這種文化影響往往不易被察覺，卻對冷戰格局產生深遠

影響。

在《美國在亞洲的文化冷戰》一書中，日本學者貴志俊彥和土屋由香探討了冷戰期間美國公關宣傳與亞洲各國的複雜互動，分析了這段時間內文化輸出的接受與抵抗。書中提出了幾個重要看法：

（一）文化作為外交工具：在冷戰中，文化交流被視為美國外交政策的一部分，旨在加強與東亞國家的關係，對抗共產主義影響。

（二）相互影響與適應：美國文化政策在東亞的影響顯著，但各國根據自己的文化背景進行了調整，形成獨特的本土化現象。

（三）文化抵抗與認同：儘管美國文化在東亞流行，不同國家的接受程度不同。一些國家，尤其在面對歷史創傷和民族主義時，展現出強烈的文化抵抗。

自 1970 年起，美國的文化政策由對抗轉向交流。尼克森訪華後，USIA 開始派遣文化代表團，並接待中國文化代表，強調柔性傳播。1979 年中美建交後，雙方展開了一系列文化交流活動，包括重啟傅爾布萊特計畫和電影及電視合作。東亞文化流動不再是單向，而是多方面的互動，反映出文化交流的複雜性及其對社會發展和政治結構的長期影響。然而，島鏈國家之間的文化交流並非完全無限制，仍存在政府對文化產品進口的限制，如南韓和台灣對日本文化的管控。因此，這一時期的文化交流仍屬於初步階段，但潛力無限。

二、相互認知

（一）日本通過輸出流行文化重塑國家形象：日本全球重新崛起的象徵是 1964 年主辦的東京奧運會。對一個曾遭戰爭摧殘的國家而言，日本的復甦令人印象深刻，帶來了經濟繁榮的時代，也促使其他亞洲國家重新考慮與日本的經濟關係。作為東亞經濟復興的領頭羊，日本本應受到島鏈國的歡迎，但歷史遺留問題使南韓和台灣對日本文化和政治存在抵觸情緒。儘管有反日情緒，這些國家卻在美國影響下與日本緊密相連，尤其在反共主義上團結一致，並維持經濟聯繫。然而，它們仍然努力恢復自身的文化認同，力求消除對日本的記憶。

南韓對日本的敵意更為根深蒂固，但自 1965 年起，在朴正熙的領導下，雙方正式建交。日本成為南韓的重要投資者，帶來技術和設備，兩國的經濟關係持續增長。然而，歷史問題抑制了應有的文化交流，朴政府及後續政府阻止了日本文化產品的進口。即使如此，日本的產品仍透過黑市流入韓國，許多日本動畫主題曲在 1970 年代成為韓國兒童的熱門歌曲，顯示敵對時代的結束，並為未來的文化交流鋪平了道路。

同時，日本的流行文化如音樂、電影和漫畫也逐步擴展到其他東亞國家。特別是 70 年代，日本流行音樂（J-pop）的興起，標誌著其文化影響力的增強。在 1979 年，日本已具備輸出活力文化的能力，隨著富裕與可支配收入的增加，藝術和文化產業迅速成長，錄音產業成為全球第二大市場。日本的文化產品準備好出

口，若無政治和社會障礙，其在海外的受歡迎程度本可更高。首相大平正芳於 1980 年宣告日本的文化時代來臨，認為日本將從經濟中心轉向文化中心。他指出，若要贏回因歷史仇恨而疏遠的國家，文化交流是必經之路。

（二）北京實施文化開放政策，引進日本文化產品（電影、電視劇）：在冷戰初期，東亞各國的政治立場各異。中國與日本因意識形態和地緣政治緊張，文化交流受到影響。即使在中日建交後，文化互動仍然有限，特別是在中國的文化大革命末期，對外來文化充滿敵意。在鄧小平的領導下，中國開始改革開放，鄧小平視日本的成功為現代化的典範，決定向日本尋求投資、技術和管理技能。

鄧小平還重視與鄰國建立社會和文化聯繫。1978 年，他訪問日本，授權有限放映三部日本電影，以傳遞正面形象並爭取對現代化的支持。中國當局組織了日本電影週，允許《山打根八號》、《君よ、川を渡れ》和《北方狐狸的故事》等影片在八個城市放映。《山打根八號》首次向中國觀眾展示了日本女性在軍國主義和美國資本主義下的苦難。接下來的兩年，還有六部日本電影在特定城市放映，幫助中國觀眾了解戰後日本的發展。

鄧小平回國後，中國媒體發布了他的訪日紀錄片，展示日本現代化的工廠和熱情的接待。這些影像對減輕中國的反日情緒至關重要。隨後，北京允許進口選定的日本文化產品，包括電影、小說和音樂，並安排年輕黨員於 1979 年訪問日本，以考察其文化和社會。這次訪問或許為引進日本流行文化鋪平了道路。同年 12

月，新任日本首相大平正芳訪問中國，簽署了文化協議，正式確立文化交流基礎，擴大了中日之間的正式文化交流渠道，為兩國的長期穩定互動奠定了堅實的政治基礎。

（三）非國家行為者的角色（能貫穿東亞流行文化的畫時代人物——山口百惠）：1980 年 10 月，山口百惠的電影《唱》在西安和成都首映，探討女性在二戰期間的苦難，讚美忠誠與愛，譴責戰爭殘酷。該片受歡迎，並被改編為越劇，推動中日文化交流。隨後，另一部電影《風立ちぬ》（中文翻譯為《逝風殘夢》）在中國放映，講述了一個以二戰為背景的愛情故事，強調反戰情感。山口百惠的電影在中國的受歡迎程度促使當局選擇她的劇作作為第一部在中國播放的日本劇。1984 年，中國中央電視台引進了她的劇集《赤い疑惑》，並將其翻譯為《血疑》。該劇講述了一名少女因輻射罹患白血病，與同父異母兄弟墜入愛河的故事。在播出期間，幾乎每部電視機都吸引了觀眾關注，萬人空港，有出版商甚至出版劇集摘要的電視照片小冊子。

就算到 2000 年，山口百惠在中國的影響力仍然很大。在一次日本媒體的調查中，她被認為是最具代表性的日本人。她被視為中日友誼的象徵，2007 年中國各大電視台重播她的《赤い系列》。她的兩個兒子也在中國享有聲譽。對於許多日本人來說，山口百惠代表了 1970 年代的活力和家庭價值觀，被視為昭和時代的偶像。她的影響力橫跨亞洲，甚至在韓國傳出她有韓國血統的傳言，在中國則有關於她與唐朝楊貴妃的聯繫。

三、變革性影響：美中破冰造就後來的東亞文化大融合

在美中關係改善後，美國的文化政策變化使文化影響力成為重要的外交工具。山口百惠在中國的成功，激發了日本通過流行文化重塑國家形象的決心。日本政府和音樂產業努力推廣本國文化產品，視軟實力為新的政治工具。隨著冷戰結束和亞洲崛起，日本對其地區角色的看法也發生變化。日本人對其他亞洲國家的電影和流行音樂越來越感興趣，尤其是在1990年代中期，面對經濟問題，尋找靈感的需求增強。

自1990年代初，日本媒體開始推廣亞洲文化，特別是香港與韓國的流行文化。王菲成為第一位在日本武道館舉辦演唱會的非日本歌手，她的作品在日本獲得了高度的認可。2007年，日本設立116億日元預算，專注於提升在中國的形象，資金主要用於購買播出時間播放日本歌曲和動畫。在2011年，山口百惠的故事也被改編成新的粵語流行歌曲，顯示她的文化影響力延續至今。

日本重返亞洲的理念不僅體現了擴大文化影響力的願望，還包括吸收其他亞洲文化的價值觀。這種文化互動促進了東亞的文化融合，各國藝人在創作中融入多元元素，形成了文化的大融合現象。

肆、結語

1970年代美國外交政策的變動為東亞文化破冰提供了機會，特別是中日之間的合作日益增多。中日合拍電影和韓日音樂合作成為新趨勢，日本的流行音樂和電影在東亞廣受歡迎，促進了

文化的相互影響。山口百惠成為成功打入中國和華人文化圈的代表。隨後，南韓和台灣的電視劇也開始進入中國和其他東亞國家，形成跨國收視熱潮，進一步加強文化交流。

許多藝人活躍於不同國家，形成跨國演藝圈，促進文化交融與認同。隨著經濟互動加深，東亞國家的文化認同感也隨之增強，促進了共同的文化活動和合作，如東亞文化節。自 1980 年代以來，東亞的經濟互動與文化交流相輔相成，不僅促進經濟發展，也深化了各國人民之間的理解與認同，為後續區域合作奠定了基礎。

第四篇

1980 年代：解構與終結
Back to the 1980s: Deconstruction and Ending

槍炮與奶油的鬥爭：美國的「異常」軍事支出

譚偉恩／中興大學國際政治研究所教授

壹、前言

在國家總體財政資源有限的情況下，如果軍費開支（槍炮）獲得擴張，便意謂著民生福祉（奶油）要做出犧牲。這種情況在民主國家會容易受到百姓的抵制，特別是在客觀上沒有戰爭壓力或安全威脅的時候。然而，冷戰時期的民主國家——美國——卻在某些特定的總統任內以犧牲奶油的方式換取了大量的槍炮。對此，本文嘗試說明軍事安全資訊的壟斷如何被美國政府不當使用，從而讓該國可以在安全沒有實際受到威脅的情況下異常地擴張其軍事開支。

在 1955-65 年期間，美國的軍事政策經歷了重大調整。首先，艾森豪政府提出的新方針戰略（New Look Strategy）強調以遠程轟炸機和洲際彈道飛彈進行大規模的軍事報復；[1] 隨後，甘迺迪政府轉向較靈活的核反應，以及為有限戰爭量身定制了反應適中之軍事策略。然而，這些軍事事務的調整對整體國防開支的影響微乎其微，美國在這段期間的軍事花費一直在 1430 億至 1630 億美元的範圍內波動。[2]

---

1. https://history.defense.gov/Portals/70/Documents/secretaryofdefense/OSDSeries_Vol3.pdf
2. "U.S. Military Spending, 1945-1996," via at: https://academic.brooklyn.cuny.edu/history/johnson/milspend.htm

1965 年後，越戰讓美國的國防採購開支在 1968 年達到頂峰；不過，這一年之後的軍事「去動員」將軍事支出在國民生產毛額（GNP）佔比降到比 1965 年還低。1972 年開始，受到石油危機的影響，美國軍事支出繼續下降，直至 1976 年降至谷底，而軍事支出占 GNP 的比例是在 1978 年達到最低點。[3] 然而，1978 年之後，卡特與雷根政府時期的軍事支出明顯增加了。1978-80 年，軍事支出增加 157 億美元，增幅為 10.4%；1980-87 年，軍事支出增加 844 億美元，增幅達 50.7%。在整整為期 9 年的時間裡，軍事支出總共增加了 1001 億美元，增幅高達 66.4%。如此規模龐大的軍事支出並未伴隨實際上的戰爭或能危害美國本土的軍事威脅，因此顯然是不正常的。美國政府會對此提供什麼樣的解釋？研究國際關係的學者又會提出什麼不同的觀察？

貳、軍事支出與國家安全的關聯性：一個反思

　　美國在 1978-87 年的軍事支出處於一種「擴張」階段，有將近九成的軍事開支是以犧牲民生支出為代價，即民生福祉的佔比下降了 1.5%，而軍事開銷的佔比上升了 1.7%。如果限縮在雷根政府時期的軍事支出（1980-87 年），軍事動員的相關開銷中有 76% 是以犧牲民生福祉為代價；毋寧，民生福祉的佔比在這將近八年的時間裡下降 1%，而軍事開支的佔比上升了 1.3%。[4]

　　從這些數據資料來看，一個合理的質問是美國政府憑什麼可以犧牲其人民的生活福祉呢？如果沒有軍事安全上的正當理由，

這些大量的軍事花費應該要避免。很少有人思考過,軍事用品和國防服務的「價格」通常無法在競爭性的市場上被恰如其分地反應出來,因此所有軍事支出的「價格」都值得人們懷疑。其次,即使暫不考慮價格的問題,軍事花費在衡量的時候幾乎都是從使用上的效益進行評斷與選擇,而非從生產上的效益。顯然,國家採購軍備重視的是國家安全會不會因而提升,而非去關注軍備的生產性功能。這個現象導致幾乎沒有人知道國家花了這麼多經費在軍事設備或相關支出上,但究竟實際上生產出多少「安全」?而且在某些情況下(例如軍備競賽),更多的軍事支出可能換來的是更少的國家安全。因此,我們應該破除一種myth,即假定軍事支出的增加與國家安全的增加是正向的關聯性;事實上,這樣的關聯性不是必然的,甚至經常是不存在的。除此之外,如何將國民個人對國家安全的評價進行加總,以得出社會整體對國家安全的價值衡量?這個問題也很難回答。所以,軍事支出無論在理論上還是實踐中,都是一個充滿問題與值得省思的課題。

---

3. 這一期間的軍事花費下降部分來自於越戰的衝擊,讓美國政府不得不調整軍事支出以回應國內反戰的民意。但實際上真正被削減的部分是國防武器的採購預算,而非是美國在東南亞地區的軍事行動與動員。Wuyi Omitoogun and Elisabeth Sköns, "Military Expenditure Data: A 40-Year Overview," via at: https://www.sipri.org/sites/default/files/YB06%20269%2007.pdf
4. R. T. Maddock, *The Political Economy of the Arms Race* (London: Palgrave, 1990), pp.180-202.

參、美國不正常軍事支出的背後

國防是一種「必要的花費」，一個國家就算沒有任何敵人，也不能將軍事支出歸零。在一定程度上，國防支出有助於維護一國社會和經濟的穩定，從而使非國防性的生產活動能夠順利進行，因此軍事支出的「價值」（但不是價格）已經體現在民用商品的市場價格（而不是價值）中。然而，如果客觀上沒有外部威脅存在，國防開支的「擴張」或「增加」應該是不必要的。

如果考慮冷戰期間軍事資源分配的特殊性與重要性，我們可以合理提出一個問題：是什麼原因導致特定期間的美國政府前所未有的增加軍事支出，尤其是在美國未參與實際戰爭的情況下？這個問題的答案一直到1970年代末都似乎相當明確。美國大量支出的軍事費用源自於冷戰期間的意識形態對抗（也就是民主陣營的反共理念），還有因此而衍生出來的外交政策需求與對同盟國的軍事承諾。當然，我們不能忘記美國軍事支出的上升與參與兩場在亞洲的戰爭（韓戰與越戰）密切相關。然而，卡特與雷根時期的軍事支出擴張並不屬於此類。回顧美國的財政史與一些關於美國軍費開支的文獻，不難發現這兩位總統任內的軍費支出增加是美國黨派政治和資訊操控的結果，情況顯然與他們前兩任美國政府的軍事支出擴張有明顯的區別。[5]

在1955-65年和1972-78年這兩段期間，是所謂合理增加軍事開支的年份，但美國反而沒有明顯的軍事動員，同時國防支出也保持在1440億至1660億美元的範圍內。但熟悉冷戰歷史的人皆知，從1948年到1960年代末，民主與共產之間的意識形態對抗

和美國兩黨在國防與外交政策上的極高趨同性,為軍事支出的擴張提供了完美的環境。隨著越戰時間的拉長和美國在戰場上的失利,本土出現許多孤立主義的政治主張,軍事支出的合理性開始弱化,並且不少國防議題面臨國會的檢視。

由於客觀上沒有軍事威脅直接加壓在美國身上,公眾對海外軍事行動的必要性越來越存疑。為了燃起危機意識,雷根政府把蘇聯擊落韓國航空007班機事件加以精心包裝,並且將這個事件與軍事花費擴張綁在一起。這樣的操作讓不少美國百姓又萌生危機意識,而危機意識對於維持高水準的國防開支至關重要;然而,應予注意的是,普通百姓幾乎沒有與國家安全相關的直接資訊,所以他們是怎麼形成危機意識的呢?答案是被「建構的」;毋寧,雷根總統在他第一任期內將蘇聯定性為一個邪惡帝國,並在外交政策上持鷹派立場。此外,軍方和武器承包商為了自身利益,誇大蘇聯帶給美國本土的威脅,從而使納稅人相信他/她們的錢應投入到軍事採購。1980年代,很多政治漫畫描繪了滿身勳章的肥胖將軍,正是此種論點的反映。[6] 於是上至總統和軍事將領,下至民間軍火產業,在美國形成一個會剝削美國納稅人和扭曲國防政

---

5. Malcolm Chalmers, *Sharing Security: The Political Economy of Burden Sharing* (London: Palgrave Macmillan, 2000), pp.21-48; Robert Higgs, "U.S. Military Spending in the Cold War Era: Opportunity Costs, Foreign Crises, and Domestic Constraints," via at: https://www.cato.org/sites/cato.org/files/pubs/pdf/pa114.pdf
6. John Alic, "The U.S. Politico–Military–Industrial Complex," in *Oxford Research Encyclopedia of Politics*, via at: https://oxfordre.com/politics/view/10.1093/acrefore/9780190228637.001.0001/acrefore-9780190228637-e-1870

策的「軍工複合體」，這個現象阻礙了當時多邊裁軍的進展。

　　由於幾乎沒有人知道「國家安全」的實質內容，因此很難破除軍事支出的提升與國家安全的改善之間可能根本不存在的因果關係，以致公民只能不斷犧牲自己的稅金和生活福利，被蒙在一個空殼式的國家安全裡。更確切地說，由於國家安全的決策菁英擁有取得關鍵國防資訊的管道，使得他／她們可以很容易透過說謊或吹牛的方式向百姓推銷「安全」，並且對於隱瞞國安真相不遺餘力。[7] 正如 James L. Payne 所言，政府總是反覆訴諸謊言，只要謊言能為其帶來利益。[8]

肆、最好的操作：恐懼以上，參戰未滿

　　軍事支出與國家安全之間的因果關係是很難被證明的，但國家安全在人類社會中卻被賦予了極為崇高的價值，以致國家的人民在歷史上反覆不斷地淪為被犧牲的對象，為所謂的國家安全貢獻出稅金或其它生活福祉。迄今已經有一些文獻指出，由於國家安全總是掌握在一小群決策菁英的手裡，而這些人又擁有取得關鍵國防資訊的管道，使得他／她們可以很容易透過「說謊」或「吹牛」的方式向百姓推銷空殼式的安全，並且對於隱瞞國安真相不遺餘力。[9] 正因為如此，涉及國家安全的資訊幾乎總是被列為機密，即便是在民主國家也很難在國會質詢時獲得有效的揭露；毋寧，國安資訊被決策者高度壟斷是一種政治特徵，即便是民主國家（例如：美國）也不例外。事實上，當一項安全議題可以為執

政者創造政治與經濟利益時,該項安全議題的資訊往往也會被執政者嚴密的管控;透過封鎖資訊洩露或是有意地釋放令人民恐懼的資訊,來左右國內輿情的方向,從而為己所用,實現目標。[10] 本文認為,政府對國安資訊的嚴密控管本身並非必然是錯的,如果其管制的前提是國家的利益與人民的利益密切吻合。然而,無論是威權或民主政體均無法在制度保證此種「利益吻合」的存在;相反地,大量的歷史證據顯示,這種吻合經常是不可得的。政權安全(regime security)的研究文獻已經指出,國家領導者更傾向將自身的利益(例如:個人的連任、政治影響力的鞏固、財富的增加,以及個人意識形態的神化)透過對資訊的壟斷,來加以實現。簡言之,執政者會極為理性地善用其對國家安全資訊的持有優勢。

---

7. John Mearsheimer, *Why Leaders Lie: The Truth About Lying in International Politics* (Oxford: Oxford University Press, 2011).
8. James L. Payne, "Wrong Numbers: Lies and Distortions about Defense Spending," *National Interest*, 14(1988/9), pp.60-71.
9. John Mueller, "Simplicity and Spook: Terrorism and the Dynamics of Threat Exaggeration," International Studies Perspectives, 6:2(2005), pp.208-234. See also: Christopher F. Gelpi and Michael Griesdorf, "Winners or Losers? Democracies in International Crisis, 1918–1994," *American Political Science Review*, 95(2001), pp.633-48; Benjamin H. Friedman, "Alarums and Excursions: Explaining Threat Inflation in U.S. Foreign Policy," via at: https://www.cato.org/publications/alarums-excursions-explaining-threat-inflation-us-foreign-policy
10. John Mueller, *Overblown: How Politicians and the Terrorism Industry Inflate National Security Threats, and Why We Believe Them* (New York: Free Press, 2006).

事實上,美國在 1980 年代後期曝光的伊朗門事件(Iran-Contra Affair),以及隨後發生的五角大廈賄賂案,只是政府官員自利欺瞞與掩蓋真相的冰山一角。此外,冷戰期間有關核子武器的研究、生產和使用的整個過程也是在缺乏公共辯論的情況下進行的,而檯面上得見的核議題討幾乎都是被美國政府刻意編纂或扭曲的情報。對於國防或軍方單位來說,利用意識形態來塑造輿論,進而引發民眾對蘇聯的恐懼,並將此種感覺與死亡進行聯繫,是讓人民乖乖在稅賦繳納上退位或讓步的妙招。而 John Mueller 對韓戰和越戰期間美國公眾輿論的量化分析提醒我們,政府可以擴張軍事預算,但盡量不要涉足軍事動員或實際參戰,因為在韓戰與越戰中美軍傷亡人數每增加 10 倍,國內百姓對政府的支持率便下降約 15% 左右。Robert Smith 的研究則聚焦在會讓美國軍人面臨死亡風險的戰役,此種戰役會引起民眾的反感和抱怨,並且隨著戰爭時間的增加而變得越來越高。[11]

清楚可見,政府可以利用國安資訊讓人民恐懼,但不宜讓人民為了國家安全實際犧牲。本文進一步認為,沒有被驗證過的安全威脅在政治操作的效果上可能比有被驗證過的更有利於決策者。所謂的驗證就是實質參與,姑且不論一項國安事務究竟跟一個國家的緊密程度有多高(或其必要性有多少),而任何的實質參與皆會有所損失。因此,政府最好的策略是在國內創造人民對安全稀缺的恐懼,但不要在國際環境中實質介入軍事衝突。證明上述論點的一個例子是,越戰時期的美國政府,無論是何人當總統,基本上都不會大幅增加軍事支出,因為害怕失去公眾的支

持。尼克森擔任總統期間甚至還意識到，為了安撫國內民意和維持經濟穩定，他不得不縮減美國對越南的承諾，進行軍事動員的收縮。所以，美國政府在整個 1970 年代是沒有擴張軍事支出的，但卻實際參與了海外的軍事行動。同時，相較於 1980 年代的美國政府，1970 年代的總統們將更多的國家財政資源用在改善民生，而不是採購軍備。[12]

伍、結語

美國在冷戰期間的高額軍事開支並不是一個「定態」，而是一個「動態」；不同期間的美國政府對於是否增列或擴張軍事支出有不同的決定。這種決定上的變化或調整並不是取決於美國和蘇聯的對抗程度，更不是受到民主與共產兩種意識型態對抗的影響。事實上，遙遠的地理距離及核子能力的相互制衡，讓美蘇之間爆發軍事衝突的可能性變得極低，所以對美國來說國家安全並沒有受到實害。在這樣的前提下，人們要如何解釋沒有韓戰與越戰的 1980 年代，美國政府為何增加了自己的軍事開支，而且還是極為大幅地擴張相關之軍事與國防費用。

本文的研究指出，決策菁英透過對美國國家安全的資訊壟

---

11. Ronald H. Spector, *After Tet: The Bloodiest Year in Vietnam* (New York, Free Press: 1993).
12. Jacques S. Gansler, *The Defense Industry* (Cambridge. Mass., MIT Press, 1980).

斷,在國內層次上誇大了蘇聯的威脅,但在國際層次上迴避了軍事動員的實際參與。由於國安資訊在冷戰期間是處於極度保密的狀態,人民幾乎沒有管道去瞭解美國實際上面臨到哪些安全上的威脅,導致決策菁英得以利用自身對國安資訊的掌控來實現有利於己的目標,而這樣的目標是與美國民眾的社會福祉相抵觸的。有鑑於此,1980年代的冷戰是很特別的一個期間,它既是最安全的冷戰階段,也是美國軍事支出擴張幅度最大的階段,同時也是美國海外軍事動員最少的階段。基於這樣的發現,可預期之未來研究方向是進一步釐清雷根政府時期的大量軍事支出如何被轉化為有利於雷根政府的實質利益,以及這樣的利益讓美國人民付出多少生活上的代價。

新自由主義與 1980 年代的冷戰
李佩珊／中正大學政治系教授

壹、前言

美蘇冷戰延續了數十年，其間美國由 1930 年代羅斯福新政形成的凱因斯主義政策體制，經過越戰洗禮與 1970 年代的石油危機與經濟蕭條後，在 1980 年代迎來了新自由主義革命。雷根於 1981-89 年執政，柴契爾夫人則於 1979-90 年擔任英國首相，美英兩國不約而同的推動新自由主義的私有化、自由化、去管制化與市場化政策，此美英共識下的經濟革命在蘇聯解體冷戰結束後，隨即成為後冷戰時代重塑國際經濟秩序的新典範，在 1990 年代中東歐的後社會主義轉型以及第三世界被國際貨幣基金與世界銀行推動的構造改革中，成為所謂的「華盛頓共識」。新自由主義由美英發揚光大，高舉市場經濟為主流，被推展到世界各角落，並為 1990 年代逐漸成形的資本主義全球化體系鋪墊理論基礎。

貳、新典範興起之背景

1980 年代這段時期的歷史不只顛覆了美國以大政府為中心的新政秩序，新自由主義也打破了美國資本與勞工間的階級妥協，形成了新的社會契約，開啟了 1990 年代國會議長金瑞契與柯林頓總統聯手去除網路經濟的管制，放手讓新自由主義對內對外都成為主流意識型態的黃金時期。由此角度切入，1980 年代的新自由

主義革命特別值得歷史性的考掘與反思,特別是蘇聯帝國的解體有很大原因在於其領導者真心相信新自由主義的政治經濟改革是唯一的處方,導致蘇聯坐視帝國內外自然崩解,讓資本主義世界以兵不血刃的方式解放了東德、東歐與蘇聯。

在市場經濟之外,另一個新自由主義秩序的政治支柱就是民主化,所謂的第三波民主化始於1978年的西班牙佛朗哥政權結束後的民主轉型,由南歐外溢至拉丁美洲軍事威權政體如巴西等國的民主化,1980年代中期菲律賓馬可仕政權終結與台灣、南韓的威權轉型也啟動了東亞民主化計畫,東亞與拉美被編入西方民主陣線。自由式民主(liberal democracy)與市場經濟(market economy)從此成為新自由主義霸權向全球擴張的標準配備。民主化是新自由主義秩序的政治方案,推動全球各種政治體制的全面民主化,美式政治價值觀輸出,如此一個橫跨全球且價值與制度皆同的秩序宛如古羅馬帝國的盛世重現。

因此,1980年代是戰後美國秩序向全球擴張的新拐點,究竟美國內部的新自由主義如何取得典範式的權力移轉,必須回到雷根主政時的美國政治經濟史,作深度的考掘與剖析,此其一。其次,新自由主義信條影響了蘇聯戈巴契夫的改造,鑄下了帝國分崩離析的大錯。蘇聯帝國的解體究竟源於無止盡的美蘇軍備競賽或是魯莽改造下的政經轉軌?第三,蘇聯解體的教訓警惕了中國大陸,改革開放的道路自己摸索,不屈從於國際貸款與援助機構的政策指導與體制變革處方。第四,新自由主義征服後共世界,不僅使得意識型態瞬時真空化的俄國陷入混亂與衰頹,中東歐國

家順勢被收編進入單極霸權的新自由主義世界，這是八零年代打下的根基。

參、新典範下的美國與東亞經濟變動

1980年代國際經濟秩序的另一個熱點是美國如何處理東亞盟國的貿易摩擦，馴化東亞的經濟競爭者。日本經濟奇蹟在1980年代大放異彩，對美貿易順差巨大，日本製造出口世界，日資橫掃美國房地產，成為美國經濟霸主的眼中釘。1985年，美國與英法德財長以及央行行長強迫日本簽下廣場協議，日圓大幅升值，解決美國巨額貿易赤字，種下了日本企業出走與資產泡沫化的後果，1980年代的新自由主義政治正確鼓吹經濟自由化，對於日本特別施壓要求其金融自由化與金融開放，也施壓日本放棄其產業政策指導體制，走向新自由主義式的結構改革。1986年美日半導體協定簽訂，當時日本半導體製造商占比80%的全球市場，在此協定下日本自我限制出口價格換取美國不課徵反傾銷稅，並擴大市場開放。1987年美國以日本違反協議為由對日本半導體與電子產品課以100%懲罰性關稅，並強制日本廠商必須與美國廠商共同開發技術。在此同時美國開始扶植台灣與南韓發展半導體，張忠謀於1987年創立台積電。日本晶片產業自此一路下滑。東亞國家資本主義發展模式在美國刻意推動的自由化與民主化的大浪潮下逐漸成為歷史。

1980年代的台灣對美國亦享有巨額貿易順差，新台幣亦被

迫巨幅升值，生產成本驟增導致台商大舉出走，西進大陸成為不得不的選擇，中國大陸經由台商之手也進入了資本主義世界經濟的生產分工中。1989 年的天安門事件後中國大陸因西方制裁被孤立，台商湧入的投資設廠與出口導向工業化開啟大陸經改新篇章，這波西進熱隨後演進為「台灣接單，大陸生產，出口美國」的全球化分工模式。中國大陸廉價與龐大的勞動力，潛在的廣大市場，以及美國寄望以經濟改革改變政治體制的和平演變思維，都讓中國大陸成為東亞新自由主義秩序中的重要一環，中國大陸於 2001 年加入世界貿易組織後如虎添翼，然而新自由主義意欲影響中國大陸政經改革方向終究沒有成功，美國和平演變戰略的失敗使得「對中脫鉤」戰略取而代之。

新自由主義在美國內部產生的改變是時代性的里程碑，雷根上任時面臨著美國兩次停滯性通貨膨脹，物價指數與聯邦利率都在兩位數水準，雷根上任後提出刪除社福補助，大幅提升國防經費支出，大幅減稅，減少貨幣供給抑制通膨，自 1983 年起美國經濟開始成長，失業率回降。然而上述措施導致財政赤字暴增，美國國債占 GDP 由 1980 年的 26% 大幅增加為 1989 年之 41%，美國由最大債權國轉變為債務國，貧富差距為之拉大。當時聯準會主席 Paul Volker 為了抑制通膨，暴力加息至兩位數，使美元於 1985 年 2 月飆到了歷史新高。雷根經濟學成功將美國經濟推至另一種仰賴貨幣政策操作的成長典範，也成為美國右派偏好的經濟政策。然而在美國最輝煌的顛峰已經埋下了數十年後社會階級向下流動、嚴重貧富不均與中產階級消失的禍根。

肆、從雷根主義看川普主義

　　由雷根經濟學可以概窺當前其與川普經濟學的若干雷同之處，川普經濟學的重點在於貿易保護主義、鼓勵產業回流、減稅、放鬆政府管制、大量基礎設施與軍費支出，確實有雷同之處，相異處在於高關稅保護主義的實施，將由美國主要貿易夥伴來承擔美國經濟調整的成本。鼓勵產業回流也異於雷根時期傾向於敲開對手市場大門的開放政策，換言之，美國跨國企業的全球擴張與新自由主義擴散世界是同步的，而今日美國則放棄自由貿易，採兩手策略一方面擁抱新重商主義保護傳統產業，但仍保有放鬆管制與政府瘦身等新自由主義政策元素，以激發 AI 科技與加密貨幣等的創新研發的美式競爭力核心。

　　1980 年代的新自由主義席捲了全球後，在冷戰結束後順理成章的主導了三十多年的世界秩序，直到 2017 年川普上台，揭開了美國製造業空洞化以及無意願參與自由貿易與開放市場的大轉向，美國作為全球開放市場的公共財提供者角色正式劃下了句點。美國建構在新自由主義基礎上的國際秩序正在瓦解，而瓦解的根源則是資本主義全球化下的嚴重貧富差距，中下階層集體支持川普，民主黨過度左傾的覺醒文化與政治正確介入教育、企業、軍隊、聯邦政府等，引發了選民向右轉的反彈。川普主義作為一種保守價值回歸、右翼愛國主義、經濟保護主義與外交孤立主義的綜合體，將與 1980 年代雷根主義的歷史轉向齊名。

　　新自由主義全面滲透了美國治理下的全球多邊組織，WTO、IMF、世界銀行與各區域開發銀行皆奉行不渝，其衰頹之徵兆就

在川普廢棄國際多邊承諾與多邊機構之際,「美國優先」凌駕了「自由的國際秩序」,作為美國最大對手的中國大陸當仁不讓地補上了這個權力空缺。習近平在 G20 里約峰會上宣布自 2024 年 12 月 1 日起,中國將對與中國建交的最不發達國家的進口商品給予全面免關稅待遇,預估將有 40 多國享受對中方出口免關稅,這是過去美國自由貿易帝國的中國版,中國大陸的市場準備對第三世界國家開大門。「美國的偉大」在 1980 年代打下新基石,而「美國的再度偉大」必須先經歷一場全面性的川普革命與狂風驟雨的政治對決,美國的盟友瑟瑟發抖,中俄嚴陣以待,第三世界國家則紛紛調整站位,在天下大亂之際,多方營謀最佳利益。

翻轉冷戰圖像下的台灣地緣政治定位
周志杰／成功大學政治系教授

壹、冷戰結構及遺緒下的大國博弈緩衝島

　　由於冷戰圖像的遺緒和兩岸互動的惡化，「島鏈」之於台灣的意涵，至今仍不斷地隨地緣政經的擾動而流變。倘若吾人重新概念化「島鏈」的定義，首先就地理位勢而縱向觀之，台灣是過去東亞「自由世界反共陣營」和當前「民主社群抗中陣營」的核心，即位於所謂日、韓、台、菲等「第一島鏈」的輻輳點。換言之，在如此視角下，無論是過去冷戰兩極對立或當前美中博弈，台灣皆是大國權力競逐的彈丸要地，無論角色是馬前卒、代理人，還是緩衝地，自身的戰略迴旋縱深和能動性，皆深受強權所界定結構的制約（參見表1）。不過，拜冷戰兩極對立之賜，由華府所提供的「核子保護傘」和廣大市場，讓「縱向島鏈」在經濟上曾形塑雁行模式，成就日本和「東亞四小龍」的經濟奇蹟，並持續延伸至東協國家，維持至今東亞經濟發展的動能和活力（參見表2）。其次，若橫向觀之，從中國大陸沿海、金門、澎湖到台灣本島，則形成可連結海峽兩岸的「橫向島鏈」。此一另類島鏈在過去半個世紀以來，亦深受兩岸關係起伏和美中關係更迭的影響，而在政經場域上分別呈現「斷鏈」或「接鏈」以及陷入「保鏈」或「脫鏈」的離合抉擇和吸斥效應。從過去、現在到未來，台灣的發展動能和前景描繪，似乎無法掙脫前述「縱向島鏈」和「橫向島鏈」所給定的結構和情勢變化。

循此，長期以來，我國的外交作為皆以下述兩項考量為基礎：（一）加強國家安全：其目標以達成雙邊或多邊對台灣安全之正式或非正式保證；（二）維護國際人格：其目標以維護我主權在國際上獲得一定數量國家之承認。前者以大國（已開發國家）關係為核心，後者以小國（開發中級低度開發國家）關係為核心。重視大國乃為謀求台海安定、強化國家安全，並致力促成美、日、歐等國或區域組織對台灣安全之關切和保證。小國的作用等同於支撐中華民國之國際人格於不墜的邦交國。

表1：國際關係視角下美國對兩岸之角色定位

	美國戰略觀	對中共定位	對台灣定位
攻勢自由主義 (offensive liberalism) 拜登	傳播文明、民主人權 反對價值多元主義 運用多邊主義	具威脅的 **挑戰者** 圍堵、抗衡與競爭、交往並重	自由中國、民主台灣 可供華府避險的 **棋子** 圍堵中國、對照專制
新自由主義 (neoliberalism) 柯林頓、歐巴馬	友善的霸權 自信理性、追求利益 去意識形態化	負責的 **利益攸關者** 和平演變的 對象	形塑中國崛起的 **棋子** 維持台海現狀 和平演變中國的 觸媒
守勢現實主義 (defensive realism) 老布希、小布希	以實力維繫霸權 重視避險、管理衝突 避免誤判	戰略**競爭者** 評估中共的 意圖	測試大陸意圖與 能力 但可拋棄的**棋子**
攻勢現實主義 (offensive realism) 川普、雷根	意圖不重要 避險不可行 對抗不可免	戰略**敵手** 崛起即威脅 對抗加圍堵	遏制中國發展的 **棋子** 可卸責盟友及衝突 代理人

CCChou/PoliSci/NCKU　　　　　　　　　　　圖表來源：作者自製

過去,在冷戰結構的制約下,儘管無法撼動大國搏弈的地緣政經結構,面對外交逆境和兩岸起伏,台灣仍藉由前述美國所提供的「核子保護傘」,維持台灣的戰略安全縱深,開拓台灣經濟發展的動能。若以1980年代蔣經國執政時期為例,當時全球冷戰結構出現變化,中、蘇共失和、美國採取「聯中制蘇」的戰略,中華民國陷入連串的外交逆境,從退出聯合國、台日斷交到台美斷交(參見表2)。面對國際變局,當時的執政團隊一方面以務實的「彈性外交」試圖擺脫外交困境,捍衛中華民國的國際地位。1974年,蔣經國在任行政院長的施政報告中強調,要「盡力同友好國家保持關係,並以各種方式擴大我們與國際家庭的實質性關係。」另一方面,對內全力發展經濟、改善民生,擘劃資通訊和半導體產業的發展,厚植自身的實力,帶領台灣創造經濟奇蹟,成為「東亞四小龍」之首。蔣經國晚年以開放民間來往,緩解兩岸的敵對關係;以解嚴開放黨禁,啟動台灣的民主化進程。其於1986年1月在執政黨中常會上強調,「時代在變,環境在變,潮流也在變」,執政者必須「以變應變」。因此,儘管台灣在冷戰結構的制約下,仍能因勢利導、務實進取的化被動為主動,反而讓台灣在冷戰結束之際能夠:(一)重塑兩岸互動從對峙到往來的和平座標;(二)延續台美關係從反共到民主的價值連結(參見表2)。是故,對照我國民主化進程開啟後諸位總統的政績,蔣經國至今仍是最為台灣百姓所稱道的領導人。

表2：中華民國外交之核心思維與作為沿革及相應戰略環境

台灣主政者	台美聯結	美國戰略	國際格局	東亞地緣政經格局
蔣介石 蔣經國 (1950s-1986)	反共盟友 親美	西方陣營圍堵 共產勢力	兩極對立	・美日韓台反共聯盟 ・雁行成長模式
李登輝 (1987-2000)	民主社群 親美疑中	維持全球霸權 弱化俄國 形塑中國	單極體系	・美日韓台反共聯盟 ・雁行成長模式
陳水扁 (2000-2008)	民主社群 親美制中	維持全球霸權 反恐優先 容納中國	一超多強	・美日同盟 ・台韓朝欲促成現狀浮動 ・大陸經濟崛起
馬英九 (2008-2016)	中美緩衝 親美和中	維持全球霸權 牽制俄國 制衡中國	一超多強 轉向 G2	・美日韓同盟 ・亞洲再平衡牽制大陸 ・大陸成為全球經濟成長核心
蔡英文 (2016-2024)	**抗中棋子** **親美反中**	**維持軍、經、科技霸權** **壓制中國崛起**	G2 競爭	・美國霸權優先，籌組新制中同盟 ・對中以壓為主合為輔 ・印太戰略遏制大陸 ・美國以經貿科技圍堵大陸一帶一路

CCChou/PoliSci/NCKU

維持對美關係效用	兩岸關係	美對中國定位	大陸外交政策	大陸主政者
成本低 效用高	政軍對峙 經濟隔絕 和平對峙	次要敵人	革命主義外交 反帝反霸	毛澤東 鄧小平
成本增加 效用遞減	政治接觸 經濟交流	戰略競合者	大國外交 多邊制衡 和平共處原則	鄧小平 江澤民 胡錦濤
成本增加 效用遞減	政治對立 經濟加溫	潛在挑戰者	四點布局（大、鄰、南、多） 和諧世界	江澤民 胡錦濤
成本減少 效用增加	和平交往 經濟融合 外交休兵	潛在挑戰者 利益攸關者	和諧世界 霸權制衡者 負責任大國 一帶一路	胡錦濤 習近平
成本增加 效用增加	現狀改變 官停民通 政治對立 經濟降溫 外交零和 衝突隱患	明確挑戰者 戰略競爭對手	一帶一路 對外開放反美圍堵 周邊外交親誠惠容 多邊制衡反對單邊 拉攏德、法、日、韓及發展中國家	習近平

圖表來源：作者自製

然而，儘管我國努力保持自身的戰略能動性，但長期以來的涉外作為主要仍以因應美、中、歐盟等陸權大國或集團對台灣產生的影響。甚至從現實主義的觀點觀之，台灣在台美關係上僅能扮演從屬的角色（參見表1）。此外，面對多為小島嶼與臨海國家的友邦，亦未形成系統性的外交論述來維繫和深化邦誼。因此，此一冷戰結構及其遺緒的制約，導致我國長期以來注重大國外交而忽視小國外交；重視「高度政治性」議題而忽略「低度政治性」議題。尤其是針對構成邦交國主力的小國，缺乏足以長期維繫邦誼的核心價值和外交工具。儘管，冷戰兩極對立的結構曾發揮支撐邦誼的效果；金援手段亦是台灣經濟起飛維持邦交的憑藉，但無法和友邦產生共同利益和目標連結（參見表2）。此外，以民主或人權價值作為拓展外交的核心價值，有時亦禁不起以權力競逐和地緣政治掛帥的國際現實考驗（參見表2）。

顯然，隨著美中對抗的加劇，冷戰結構的遺緒仍深刻影響和侷限我國的外交思惟和作為。或許，政府應思考修正長期向美、歐、日嚴重傾斜的外交投入，衡量今後全球人類發展的趨勢，結合本身的地理定位與比較優勢，嘗試建構兼顧陸權大國博弈影響與海洋島國發展需求的外交戰略，適度翻轉台灣在政治地理上，長期做為大國對抗的馬前卒和緩衝器的棋子角色。

貳、永續發展潮流下的「永續島鏈」領頭羊

全球環境與生態問題的日益嚴重，ESG 議題普獲各國之重視，使得永續發展逐漸成為各國外交決策當中的重要考量因素，甚至成為拓展對外關係的核心價值。然而，若擱置統獨議題，以中華民國的現有治權範圍而論，我國確實不同於其他大陸國家，本身不僅在全球政治地理上亦屬於小島嶼，對於解決全球暖化、海平面上升等生態問題具有急迫性。而且，絕大多數邦交國亦為同病相憐的開發中島嶼國家（Developing Island States，如南太平洋、加勒比海）或臨海國家（如中美洲）。吐瓦魯、馬紹爾等友邦面臨的「亡國滅土」危機，亦將是若干年後台灣離島的寫照。事實上，近年來我國產官學研確實戮力於永續發展及低碳轉型的策略規劃及科技研發，並已漸次發展出因應氣候變遷的法制與方案。由此觀之，我國比其他已開發國家面臨更迫切解決環境問題的壓力，亦較其他開發中島嶼國家更具有因應問題的能力。

因此，台灣除了消極地並關注本身的永續發展議題，在面對友邦與其他島嶼國家的困境時，更應積極參與推動多邊合作，並藉此建立以永續發展為核心價值的外交戰略。換言之，大國忽視生態問題並放任南北衝突的擴大，在一定程度上提供了中華民國推動永續合作的著力點，亦加深島嶼國家與台灣共同面對生態與永續發展問題的可能性。環顧我國絕大多數邦交國所具有之島嶼地緣特性，再檢視台灣自身之地理定位與比較優勢，非傳統安全和永續發展議題顯然提供台灣建構第三種島鏈的思維及方向：連結三大洋和臨海的廣大開發中小島嶼國家形成「永續島鏈」，進

而成為我國形塑一套兼顧陸權大國與海洋島國之全方位外交戰略的切入點，甚至可成為中華民國在全球政治地理重新尋求外交能動性的核心價值，進而以島嶼國家中永續發展議題的代言人，作為台灣在亞太地緣政治上的新定位。

參、換軌外交：主導多邊永續組織的設立及運作

至於在推動「永續島鏈」連結的具體作為上，我國或可嘗試形塑具有台灣特色的「換軌外交」模式。事實上，主權國家間正式的外交互動一般視為是政府對政府的官方外交（Official Diplomacy），或稱為「第一軌外交」（Track I Diplomacy）；所謂「第二軌外交」（Track II Diplomacy）則是指非官方外交（Unofficial Diplomacy），旨在以民間社會的力量和平台搭建，為第一軌外交工作無法突破之各項事務，提供橋接輔助或平行運作之作用。從國際政治的角度觀之，第二軌外交最初用於國際間衝突與爭端之對話及解決，運作成員多半以具官方色彩的智庫與學術機構為主。執此，第二軌外交應擴大其範圍而成為任何以非政府組織為主體，針對特定議題所進行的對話、協商與合作的活動。

根據前述分析，本文進一步提出「換軌外交」（Track Shifting Diplomacy）的概念與模式。此乃由我政府主導或積極鼓勵民間團體，創設各種旨在促進島嶼國家永續發展議題研究與國際合作的非政府組織或定期論壇。邀請各小島嶼國家之產、官、學及社團領袖參加，建立彼此交流合作的機制。倘若發展順利，則可

和當前結合大多數小島嶼國家所組成的國際組織「小島國聯盟」（Alliance of Small Island States, AOSIS）或其他島嶼國家為主體的組織，建立交流對話及合作夥伴關係。甚至，我國可將由台灣主導成立且運作有成的非政府組織，進一步發展與提昇成為具官方性質的國際組織。如此即可由第二軌外交「換軌」為第一軌外交，或形塑具有第一軌外交性質的機制化平台或組織。

　　過去在國際冷戰格局下由我國主導成立「世界反共聯盟」與「亞洲反共聯盟」，確實曾有效鞏固我國在國際反共陣營中的地位。然而時移勢轉，世盟雖更名為「世界自由民主聯盟」，試圖轉型為強調民主價值的國際性非政府組織，但仍難以擺脫意識型態的標籤。現政府所成立的「民主太平洋聯盟」等組織，因仍著眼於人權與民主價值等「高度政治性」議題，無法有效降低對岸的疑慮與戒心，故若干非邦交國家官員對我國的邀請顯得裹足不前、投鼠忌器。更重要的是，參與的友邦國家無法獲得改善該國迫切與實際問題的效益。相反地，以因應氣候變遷與永續發展合作做為多邊組織成立之宗旨，應可降低對岸打壓的合理性和力道。此一模式之推動全然由台灣的產官學主導，若以永續的思維和資源投入經營，定能有所成效。

肆、結語

　　如前述，若各方跳脫統獨問題的思維，中華民國政府有效統治的台、澎、金、馬與附屬島嶼等領土皆為海島。因此，作為一

個事實上（de facto）的島嶼實體，建立以永續發展為重心的外交戰略，一方面不僅順應地理上的應然性，符合政府強調海洋立國與綠色矽島的精神；另一方面亦具有現實上的急迫性，台灣的離島（甚至本島）亦將面臨如吐瓦魯、馬爾地夫等國相同的命運。若台灣能建構完整而持續投入的永續外交戰略，以成為小島國家在永續議題上的代言人為目標，不但能活化和多元化現有的外交作為，更能適度平衡當前類冷戰結構和兩岸敵對情勢下對中華民國國際參與的框限。永續外交的倡議和投入耕耘，或許是台灣跳脫或平衡自冷戰時期即被框定之島鏈定位的契機！

解密美國外交檔案中的印美關係（1977-1988）

劉奇峯／中山大學亞太英語碩士學程助理教授

壹、前言

　　本研究以美國國務院歷史局（Office of the Historian）所編輯的《美國外交政策（FRUS）》系列解密檔案為本，試圖勾勒出美國和印度關係從卡特（Jimmy Carter）到雷根（Ronald Reagan）兩任政府之間的變化。透過現有的歷史資料，作者發現印美關係在冷戰時代，在強權競爭方面，受到美蘇關係與美中關係的雙重影響。在區域形勢方面，巴基斯坦做為美國遏制蘇聯進入阿富汗的橋頭堡，在1979年之後，成為美國在南亞地區的外交重點，而影響了印美關係的發展。印度在1971年和蘇聯簽訂的《印蘇和平友好合作條約》，也成為美國忌憚印度的一個重點，特別在1979年12月蘇軍入侵阿富汗後，印度並未採取譴責態度，使美國將重點轉向巴基斯坦，一直持續到雷根政府時代。雖然印度和巴基斯坦的核武發展同樣受到美國關切，但在蘇聯入侵阿富汗後，美方暫時擱置巴基斯坦的核武問題；在遏制蘇聯的戰略指導下，對巴基斯坦的事務也由國務院轉移到國家安全顧問布里辛斯基手中。在雷根時代，中美關係的改善在政治上更進一步地限縮了印美關係的空間，印度也恐懼中美關係的改善，將進一步鼓勵巴基斯坦對印度採取對抗的政策。同時，印度的不結盟政策（NAM）雖然在很大的程度上限縮了印美關係的進一步發展，但同時也創造出美

國利用文化、教育和經濟的力量,試圖和印度交往的空間。

貳、前奏:卡特政府與南亞的關係

在卡特任期前三年,美國在南亞的外交政策主要受到三個關鍵因素的影響:核擴散引發的緊張、印度與巴基斯坦的地緣戰略競爭,以及卡特政府更傾向與民主選舉產生的政府建立關係的偏好。華盛頓和新德里的關係在這3年間有較大的改善,與此相較,美國和巴基斯坦的關係則逐漸冷卻。1979年12月,蘇聯入侵阿富汗,終結了美國先前和蘇聯達成的「緩和政策」(détente),也改變了美國在南亞的政策取向。在阿富汗成為美國遏制蘇聯的重要目標之下,卡特政府開始加強和巴基斯坦的合作,以應對蘇聯可能的新一輪擴張。1980年,卡特政府的南亞政策優先事項發生重大轉變,圍堵蘇聯的需要取代了防堵南亞核擴散的努力。原本打算改善印巴關係的卡特政府,在對巴基斯坦提供大規模軍援的情況之下,暫時擱置了這個想法。

參、核擴散問題與美印、美巴關係演變

卡特政府時期,核擴散問題成為美印關係中的主要矛盾。印度在1974年5月利用民用核電站產生的副產品進行首次核試,激發了美國國內的廣泛關注和國會的不信任,認為印度的核計畫可能威脅全球核不擴散體系。隨後,美國立法和卡特政府的核不擴

散政策直接影響到向印度核電站供應鈾的既有協議,成為雙邊談判的核心議題。國務院與國安會(NSC)在此過程中發揮了主導作用,其中副國務卿 Warren Christopher、和副國務卿 Joseph Nye 是其間的談判要角。同時,巴基斯坦的核計畫也引發美國政府密切注意。無論是布托政府還是後來的齊亞哈克政權,都被懷疑利用民用核計畫掩護核武器的研製。核武問題一度使美巴雙邊互動陷入僵局。但 1979 年蘇聯入侵阿富汗,美巴關係產生巨變。美國的政策重心從核擴散轉向冷戰對抗,白宮接管了美巴關係的策劃和主導權,同時國防部和中情局也參與政策制定;國安顧問布里辛斯基也開始負責美巴間的軍事合作。

肆、美印關係:由民主交流轉向對抗蘇聯之後的惡化

卡特政府與印度的關係在德賽(Morarji Desai)總理任期內曾經有顯著進展,兩國的元首基於民主價值曾有私人通信的積極互動,同時美國和印度之間的經濟合作也成為鞏固雙邊關係的重要平台。不過 1979 年甘地(Indira Gandhi)再次執政後,對蘇聯入侵阿富汗保持沉默,造成美印關係迅速惡化;印度對蘇聯行動保持沉默,未予譴責,導致華盛頓與新德里之間的緊張升級。

甘地政府雖然主張蘇軍應從阿富汗撤軍,但對莫斯科提出的入侵理由保持中立立場,並未譴責。印度在官方聲明中,重申了對阿富汗主權的堅定支持,認為應保障阿富汗免受外來干涉,阿富汗人民也應該有自主決定國家命運的權利。然而,印度避免將

蘇聯的行動定義為對這些原則的違背。從印度的角度來看，甘地（Indira）政府避免直接譴責莫斯科，主要還是受到不結盟政策的影響，意圖在華盛頓和莫斯科之間形成一種平衡策略，同時也能維持與蘇聯的雙邊友好關係。但另一方面，印度對美國在蘇聯入侵後向巴基斯坦提供軍事援助的決策，表達強烈反對立場。印度擔心美國的政策可能助長南亞的軍備競賽，進一步威脅其安全並破壞地區穩定。印度外交部常次（Foreign Secretary）Jagat Mehta 明確表示，美國的軍事支持不僅超出了巴基斯坦在阿富汗對抗蘇聯所需的防禦需求，更構成了對印度安全的潛在威脅。

雖然美方重申向巴基斯坦提供的軍援有限，只是為了在南亞實現基本的安全平衡，但這種說法顯然無法說服印度政府和社會。印度官員甚至向美國警告，美國對巴基斯坦的軍援有可能重新引發印美關係當中的緊張，並迫使印度重新考慮其核武政策。印度對美國對巴基斯坦軍援的批評，以及其未譴責蘇聯入侵的態度，主要還是考量印度本身的戰略利益。新德里的決策者擔心，美國與巴基斯坦和中國的密切關係，有可能對印度形成戰略包圍，而削弱印度在印度洋和南亞區域當中的影響力。

伍、1981-88 年：中國因素對印美關係的阻礙

共和黨的雷根上台之後，開始對蘇聯採取強硬立場，並推動俗稱「星戰計畫」的「戰略防禦倡議」（Strategic Defense Initiative），同時在軍事和意識形態上對蘇聯採取對抗政策。這樣

的對抗態勢要等到1985年戈巴契夫上台後,才開始出現緩和,例如美蘇在軍控問題上取得突破性進展,並於1987年簽署《中程核力量條約》(INF Treaty),標誌著冷戰後期的轉變。

在對抗蘇聯的背景之下,中美關係開始大幅改善,雖然貿易不平衡和政治上的分歧,偶爾會導致中美雙邊的緊張。與此相較,美印關係還是以「選擇性接觸」為特徵。印度繼續堅持其不結盟政策,而莫斯科仍是印度軍方武器的主要來源。美方當時在南亞的首要盟友仍是巴基斯坦,與印度的接觸更多是出於平衡區域穩定的考量。儘管印美雙邊的經濟合作有所增長,但受限於意識形態上的分歧以及印度的保護主義政策,雙方在經濟領域的互動仍相對有限。

隨著美中關係的逐步改善,印度採取謹慎策略與中國接觸,特別是在解決邊界爭端方面,雙方開始展開有限的外交互動。在此同時,中美關係的進展也成為印度密切關注的焦點,特別是其對南亞地緣政治穩定可能產生的潛在影響。美、蘇、中三角關係的動態演變,對南亞的穩定性產生了深遠影響。尤其是在蘇聯—阿富汗戰爭期間,美國對巴基斯坦的支持,讓印美雙邊關係更為複雜化。在對中國的關係上,印度政府方面認為,美國在南亞的戰略有雙重標準。除了在國家安全上偏向巴基斯坦,在技術和經濟的重點政策上也偏好中國而非印度。印度對中國的恐懼源於1962年的邊境戰爭,以及巴基斯坦在中美關係改善中向來扮演的關鍵角色。

面對中美關係正常化,印度也開始調整對中國的政策,以較

為務實的態度試圖改善與北京的雙邊關係,並和緩區域的緊張情勢。但對中關係的軟化,並未能完全消除印度對美國向中國傾斜的擔憂。

陸、雷根時期美印互動:冷戰背景下的務實外交

雷根政府的外交政策重點是圍堵蘇聯的全球影響力,所以美國當時對印度的政策,和對巴基斯坦政策相比顯得次要。但是,華盛頓和新德里的關係仍然在經濟合作和文教外交方面有所進展。在美印雙邊互動中,雷根政府將經濟合作與文化交流視為政策的核心。在經濟合作上美方認為,印度的經濟與工業潛力巨大,未來有可能使印美關係互蒙其利;美國官員多次表達對印度工業能力的興趣,也透過促進貿易夥伴關係與農村發展,強調經濟合作的重要性。在文化交流方面,雙方成立了「印美教育、文化、科學與技術合作次級委員會(Indo-US Subcommissions for Education and Culture and Science and Technology)」,推動文教科學等方面的交流。

在雷根政府時期,印度繼續強調不結盟政策的核心價值,試圖在外交政策中維持自主性,並避免過度依賴任何一個陣營。這種外交指導原則,雖然有時與美國的戰略優先事項發生摩擦,但也為雙邊關係提供了有限的合作空間,特別是在貿易和文化外交等非戰略領域。儘管美印之間存在意識形態分歧,美國的政策制定者仍然認定,印度在平衡區域衝突和促進南亞穩定方面具有

潛力。

1980年代開始,印度面臨嚴重經濟挑戰,包括國際收支危機和高度依賴外援。美方在印度的經濟問題中,看到了和印度接觸的機會。美方開始對印度提供發展援助基金,以緩解印度的經濟壓力,同時鼓勵印度參加多邊國際經濟架構,美國意圖透過在多邊論壇中與印度進行深入交流,減少由印度領導的G77在聯合國貿易和發展會議(UNCTAD)等場合發起的對抗。同時,美國鼓勵印度逐漸揚棄計畫經濟政策,以結構性改革的方式,一方面減少對蘇聯經濟援助的依賴,另一方面和西方做進一步的對接。同時美方也建議印度促進貿易的多元化,改善其經濟發展模式。

不過,印度的經濟轉型一直要到1991年蘇聯崩解之後,印度的外匯危機使其不得不放棄原有的計畫經濟模式,而推行其「東望政策(Look East Policy)」,試圖透過師法新加坡國家資本主義的模式,進行經濟改革。

柒、英迪拉・甘地遇刺的影響

1984年,印度開國總理尼赫魯之女、印度總理英迪拉・甘地,在新德里被錫克教侍衛以手槍刺殺身亡。甘地夫人遇刺事件之後,印度開始出現針對錫克教徒的迫害行動和暴亂,在此同時,雷根政府迅速表達了對印度政治穩定和南亞區域安全的關注。美國政府重申對印度民主制度的支持,同時隨著甘地夫人之子拉吉夫・甘地(Rajiv Gandhi)成為總理,美印雙邊關係也開始重新調

整,轉向經濟合作與戰略對話。正如美國國務卿舒茲（1985）所言：「當世界上最大民主國家的總理英迪拉‧甘地遇刺時,我們感到震驚和悲痛。然而,當數以百萬計的印度人民自由地參加投票選舉她的繼任者時,我們對民主的韌性重新充滿信心。隨著拉吉夫‧甘地帶領他的國家邁向新的偉大,他比任何言辭或抽象的科學模型更清楚地展示了民主既不是過時的制度,也不是少數富裕西方國家的專屬財產。它已經在哥斯大黎加和日本這樣多元化的國家成功運行了數十年。」

捌、結論

　　1977-88年間的印美關係,展現了冷戰時期美國外交策略的多重考量,與印度外交政策的務實性。卡特政府試圖以核不擴散為核心與印度加強合作,但蘇聯入侵阿富汗使美國將戰略重心轉向巴基斯坦,導致印美合作的機會減少。雷根政府在冷戰對抗的大架構下,雖未將印度視為主要夥伴,但在經濟與文化交流領域仍保留一定的接觸空間,為未來雙邊關係的發展提供基礎。印度則在不結盟政策的框架下,謹慎應對中美關係的改善與美國對巴基斯坦的支持,以維持其區域地位與國家利益。本研究顯示了冷戰背景下,印美關係如何受到國際與區域變數的多重影響,並為探討冷戰時期南亞的外交史提供了新視角。此時期的經驗不僅有助於理解當代印美互動的歷史根源,也提供了關於小國如何在大國競逐中維持自主性的啟示。

1980年代美國在香港的情報活動

陳偉華／中央警察大學公共安全學系副教授

壹、前言

　　回顧亞洲冷戰史，在1970、1980年代，各國在香港從事政治宣傳活動相當頻密，當時香港堪稱「亞洲文化冷戰」的前線。在1970年代時期，香港的政治環境動盪不安，當時中國文化大革命影響蔓延到香港，社會上充斥著極左思潮和政治動盪。對應於此，美國中央情報局（CIA）積極介入香港政治，試圖抑制共產主義勢力的擴張，策進自由主義和民主價值的推廣策略。

　　相對於過去的研究關注於冷戰早期美國在香港的第三勢力活動，本文聚焦於美國在港推動的政治宣傳及其政治影響。特別是，關注1984年中英談判後，至香港回歸前，美國如何看待香港在其整體冷戰戰略的「剩餘價值」？本文認為，在1984年「中英聯合聲明」簽署後，美國對香港的關注圍繞在冷戰背景下香港的戰略位置，賦予其地緣政治價值。美國認為，香港是中國接觸自由市場的重要橋樑，在1980年代經濟改革初期，香港在促進中美經貿關係中的作用至關重要。在此政策邏輯下，美國不僅關注香港作為亞洲的金融中心和貿易樞紐的角色，亦重視其在對抗共產主義和影響中國改革開放進程中的潛在作用。

　　在1980年代冷戰後期至冷戰結束初期（1984-97），美國將香港視為冷戰的「自由堡壘」和影響中國的前哨堡。在政治上，美國支持香港的民主化進程，在經濟上關注其金融中心地位，在

情報活動上仍仰賴香港獲取大陸內地的訊息。顯然，香港在冷戰後期仍然是美國重要的地緣政治資產。在這段時間，中情局在香港的第三方勢力活動仍是一個牽涉情報、政治和地緣戰略考量的反共宣傳任務，但它是服務於美國整體冷戰政策中的一個重要組成部分，對塑造當時香港政治局勢具有一定的影響作用。

鑒於冷戰時期中西方訊息流通受限，中國大陸實行嚴格的資訊控制，西方世界難以獲得關於中國內部情況的可靠資訊。香港作為英國殖民地，成為東西方交匯點，亦成為蒐集中國情報的重要視窗。本文以下首先從宏觀面檢視美國在1980年代對中共接收香港的回應，繼從微觀面回顧中情局在港政治宣傳活動。

貳、美國對中共接收香港的政策回應

在1949年底新中國成立後，至1950年中，所有美國駐中國大陸的領事館被迫關閉，香港成為美國瞭解中國大陸內部狀態的主要監聽站，美國於1957年確立對香港政策，強化香港作為觀測中國大陸的情報窗口，運用新聞媒體蒐集有關中國政治、經濟和社會狀況的情報訊息。

時序躍至1980年代，自1982年9月，中、英雙方就香港問題進行的聯合談判，[1] 至雙方於1984年12月19日在北京正式簽署《中英聯合聲明》（Sino-British Joint Declaration），乃至1997年香港正式回歸。在這段時間，有幾件事件凸顯在美國戰略視野下，香港在中、西國家陣營之間跨越冷戰的重要地位。第一、1984

年5月3日,第98屆國會紐約州共和黨參議員坎普(Jack Kemp)提出決議案,支持香港所謂「民族自決」(H.Con.Res.299),該提案雖然未獲通過,惟在某種程度上表達了美國國會對香港人民選擇未來的權利的支持,具有政治象徵意涵。

第二、為回應中國接收香港問題,美國國會於1992年通過《美國—香港政策法》(United States-Hong Kong Policy Act of 1992)。在該法規定下,保證美國將在1997年後繼續按照香港的特殊地位與其進行交往,反映了美國對香港獨特地位的重視。該法反映美國對中國共產黨治理模式的懷疑,以及對香港未來在「一國兩制」框架下是否能維持自由和法治的擔憂。

該法案的核心內容集中於香港的特殊地位、經濟、外交等政策原則,提供行政部門對香港1997年回歸後的政策措施。美國承諾在香港回歸中國後,繼續將香港視為不同於中國大陸的獨立關稅區,並在貿易、經濟和其他國際事務中保持特殊地位。另將確保香港在國際組織中的地位不因回歸而受到削弱,例如香港作為世界貿易組織(WTO)的獨立成員資格。

最重要者,該法案強調美國支持香港的自由、民主和人權,要求美國行政部門監測香港的自治程度,並向國會提交年度報告。法案規定,美國的法律在適用於香港時,將根據香港的自治

---

1. 正式名稱是「中英香港問題聯合聲明談判」(Sino-British Joint Declaration Negotiations)。

程度來決定是否與中國大陸有區別對待。倘美國行政部門判斷，香港的自治受到嚴重侵蝕，總統可以通過行政命令取消香港的特殊待遇。[2]

在 1980 年末期至 1990 年，香港在跨越冷戰之際仍具有的戰略地位，係西方推動後冷戰前沿戰線的「自由堡壘」。美國持續將香港視為對抗共產主義意識形態的樞紐，而香港的開放社會為美國提供了向大陸傳播自由民主價值觀的平台。作為亞太地區情報的基地，香港提供中情局對中共政權訊息的重要平台，監控中國領導層的政策動向及內部鬥爭，並滲透中國內部，支持異議人士和民主運動。另一方面，香港的媒體自由環境，使其成為冷戰輿論戰中的重要陣地，美國透過香港傳播自由民主理念，削弱中國對於民意輿論的控制。

冷戰結束後，美國開始重新評估其對亞太地區的政策，香港被視為影響中國改革開放的關鍵樞紐。美國情報部門對港政治宣傳亦逐步轉變，轉向推廣香港的繁榮和自由市場，用以對比中國封閉的政治體制和經濟模式，以削弱共產主義的吸引力。在此階段，美國之音（VOA）和自由亞洲電台（RFA）等機構，仍持續在港擴大對中國進行信息傳播的宣傳活動，彼時香港媒體和文化機構被美國用於削弱中國對國內輿論的控制，支持報導中國人權問題的媒體機構和記者。進一步的，美國國家民主基金會（NED）在港資助非政府組織（NGOs）從事民主運動與文化滲透，而 CIA 和國家安全局（NSA）合作，運用香港的國際地位和自由化商業環境，成立大量掩護公司和媒體機構，用以進行對陸情報蒐集、

監測中國內部動態。在 1980、1990 年代，香港的媒體自由和信息流通使其成為觀察中國政治和社會動向的重要窗口，情報機構得以透過香港媒體和學者獲取對中南海領導層的分析。

參、對應左翼運動的滲透：中情局在香港的政治宣傳

1949 年 10 月，中共政權在香港設立正式的出版機構「新民主出版社」，此前，亦有「三聯書店」於 1948 年在香港成立，是中共在香港最早的出版機構之一。它出版了大量有關中國政治、經濟、文化和歷史的書籍，以及左翼文學作品。事實上，早在中共建立前後，左派人士和組織已滲透香港進行活動，例如由各類工會組織的香港左派發動的省港大罷工事件。

在 1967 年，香港左翼份子和組織藉著多宗政治工潮引發「六七暴動」（Hong Kong 1967 leftist riots），這是中共在香港進行左派政治活動的一個重要時刻。這些活動在本質上是反英、反殖民的政治性運動，但親共團體在這些運動中扮演了主導角色，受到中國政府的支持，人民日報稱為「香港反英抗暴鬥爭」。這是中共在香港進行左派政治活動的一部分。雖然暴動事件最終落幕，但對香港社會造成了深遠的影響。[3]

---

2. 香港《國家安全法》於 2020 年 6 月 30 日正式實施後，美國認為香港的自治遭受嚴重侵蝕，根據《美國—香港政策法》進行了多方面的政策調整。美國行政部門在《國安法》實施後實施多項應對措施,最具代表性者：2020 年 7 月，美國總統川普簽署《香港自治法》（Hong Kong Autonomy Act），並根據 1992 年法案授權，宣布取消香港的特殊待遇。

在「六七暴動」，中國對東南亞國家可能發動的社會叛亂活動成為東南亞國家對北京的主要擔憂之一。關於香港左翼運動對當地民主的滲透，1967 年的暴動可以作為一個例證，表明中國願意支持當地共產黨顛覆當地政府，此加劇了東南亞國家對中國的疑慮。儘管中國在 1971 年開始調整其外交策略，走向中立保守，但其對東南亞各國共產黨的支持並未完全停止。因此，香港 1967 年的左派暴動可以被視為理解中國與東南亞國家複雜關係的一個重要歷史事件。

近年關於文化冷戰的相關檔案相繼解密、問世，鼓舞研究潮流，學界能窺見冷戰期間美國在香港從事情報和政治宣傳活動。如美國國務院（FRUS）、中情局（CIA archives）檔案揭露，美國對香港實施文化冷戰的機構重疊，包括美國駐香港總領事館、香港美國新聞處（美國新聞總署〔United States Information Agency〕香港分處）、外國廣播資訊服務（FBIS）、美國之音（VOA）香港辦公室等半官方機構在整個冷戰對峙階段，對香港當地文學社群和出版品投入相當程度的財務資助。再者，美國與英國在香港有緊密的情報合作，共同監控中國的動向，尤在中英聯合聲明後，雙方協調以確保香港平穩過渡。對應於此，美國駐港機構定期製作報告，揭露北京政權的施政錯誤，例如土地改革、反革命運動和糧食統購統銷政策等。因此，關於美國對香港政策如何受到 1960 年代左翼滲透的影響，亦驅動著 1980 年代後期美國在港的情報活動性質轉變，此些研究方向值得學界持續關注和重視。

肆、結語

　　本文重新概述 1980 年代中情局在香港的政治宣傳活動，事實上此些行動並非僅限於冷戰早期的第三勢力操作，而是在冷戰中後期進一步演化為更為複雜的多層次任務。這些任務包括利用香港作為反共信息的宣傳中心，透過出版物、小冊子、電台廣播等媒介進行輿論引導，並試圖影響東亞地區尤其是中國內部的意識形態和政治環境。同時，中情局還利用香港作為情報蒐集和人員招募的樞紐，鞏固美國在亞洲地區的情報網絡。在地緣戰略層面，香港的特殊地位使其成為美國向共產主義國家施壓的重要前沿。

　　總體而言，在冷戰後期，香港不僅是美國對抗共產主義意識形態的象徵，也是其地緣政治和經濟戰略的重要組成部分。香港作為中國改革開放的窗口，為美國提供了觀察和影響中國的機會；其自由和法治體制則被美國用作彰顯民主價值的重要平台。冷戰結束後，香港依然是美國對中國政策的重要一環，其地緣政治價值在中美競爭加劇的背景下更加突出。

---

3. 關於在冷戰時期，中共政權策動 1967 年在香港爆發的六七暴動。中共當時在香港進行了一系列左翼地下活動，其中吳荻舟是一位長期領導中共在香港的地下黨的重要人物，他掌握當時中共策動香港左翼團體的證據：參見吳荻舟，《六七筆記》。

第五篇

新冷戰：定義與評價
New Cold War: Definition and Prospect

新冷戰與舊冷戰

陳亮智／國防安全研究院副研究員

壹、有所謂的「新冷戰」嗎？怎麼界定呢？

新冷戰（New Cold War）可被視為一種具冷戰特徵的競爭框架，但其形式與影響有所演化。若要加以界定，或可以描述為：「在21世紀全球化脈絡之下，以美中為主的兩大勢力在政治、經濟、軍事、科技和意識形態上的非全面性對抗。它具有冷戰式的緊張與競爭特徵，但與傳統冷戰相比，似乎更加複雜且交織許多的變數」。「新冷戰」這個名詞可謂是當代國際關係學者與觀察家用來描述現代國際格局中「美中競爭」（U.S.-China Strategic Competition）或稱「大國競爭」（Great Power Competition）的一個類比術語，也就是類比20世紀的美國與前蘇聯之間的冷戰與全方位的對抗，本文稱之為「舊冷戰」（Old Cold War）。然而，是否真正存在著「新冷戰」？若有，其與美蘇冷戰或「舊冷戰」有何相似與不同？

有關「新冷戰」的概念，在邏輯上，其特徵可能接近、十分接近或完全類似於「舊冷戰」。許多觀點認為現代國際局勢符合某些冷戰特徵，包括：

（一）雙極化對抗：即美中兩國形成對立的陣營，也就是由美國主導的自由民主陣營與其盟友（包括歐盟、日本、澳洲、印度等）。他們共同合作以對抗中國的威脅與挑戰。另外則是由中國所推動的，以「中國特色之社會主義」為核心的國際模式，透

過「一帶一路」與「全球發展倡議」來擴大影響。

（二）意識形態對抗：或許不像美蘇冷戰那麼明顯，但美中之間的價值觀衝突依然明顯。美國強調自由、民主、人權等普世價值。而中國則是強調發展優先、國家主權、不干涉內政，對自由民主體系提出挑戰。

（三）科技與經濟競爭科技領域：美中在半導體、AI、量子計算、5G等高科技領域的競爭日益激烈。在經濟場域，美國的「藍點網絡」（Blue Dot Network）與中國的「一帶一路」（One Belt One Road, OBOR）計畫被視為是雙方經濟競爭的縮影。

（四）地緣政治對抗：包括南海問題（中國的海洋行為與美國的自由航行政策對抗）；台海問題（台灣被視為是新冷戰的最大潛在引爆點，兩國在此問題上的立場極其鮮明）；代理人的對抗（例如美國支持印度對抗中國在南亞地區的影響）。

（五）軍事競爭與安全緊張：核武與超音速武器的發展也是美中戰略競爭的另一焦點。此外，中國在太平洋地區積極進行軍事擴張，美國則以AUKUS（澳英美協議）等軍事聯盟加強抗衡中國。

根據以上，「新冷戰」與「舊冷戰」的相似之處乃在於雙方皆在角逐全球的影響力，雙方試圖在國際組織、經濟合作、科學技術上占據主導地位。另外，在意識形態衝突方面，不同的治理模式（或稱政體型態）之間的競爭也是重要的面向。還有軍事與地緣政治的競爭，核武和新型科技軍備再次成為國際安全與大國競爭的關鍵。

與「舊冷戰」的不同之處是，美中兩國經濟相互依賴極深，美中之間擁有深厚的經濟聯繫（貿易與投資），這與美蘇時期幾乎完全分離的經濟結構十分不同。另外，今日美中競爭是位處在「全球化」的脈絡下，全球性的經濟相互依賴也不同於美蘇對抗時期的國際環境。另外，全球多極化的現象，這不像冷戰時期的兩極結構，當今世界上擁有更多具有影響力的區域大國，例如印度、歐盟、日本等。而在文化交流方面，儘管美中雙方及自由民主與威權獨裁兩邊存在著競爭，它們之間仍有密切的文化與學術交流。在非傳統威脅方面，新冷戰中的網路安全、氣候變遷、全球疫情等議題，似乎已經遠遠超越冷戰時期的地緣政治競爭。除了競爭存在與持續之外，合作與互助也似乎更迫切地等待著，而某種程度來說，合作與互助似乎又受到競爭與衝突的牽絆而難以企及。

　　總體而言，支持「新冷戰」論者認為，美中對抗已經成為全球性競爭的主軸，美蘇冷戰的邏輯仍然適用。但是，批評「新冷戰」論者則認為，當今世界已經高度互相依賴，無法簡單用冷戰框架來理解美中關係；「新冷戰」的概念可能過度誇大對抗，忽視它們之間的互賴關係與合作（包括正在合作的事項，以及許多需要合作的空間）。「新冷戰」是否成立應該取決於觀察者的分析視角，但可以確定的是，美中之間的競爭確實重塑了21世紀的國際秩序。

貳、為什麼美中會走向「新冷戰」？

有關美中兩強走向「新冷戰」的原因是複雜而多元的，包括權力轉移、意識形態對抗、「潛在的戰略誤判」與歷史記憶等。這場對抗不僅影響雙邊關係，並且也重塑了全球地緣政治。一般認為，美中兩國走向「新冷戰」的原因可以從「結構性因素」與「行為者因素」兩個層面進行分析。這些因素的交織結果，共同塑造了當今美中對抗的局面，使兩國競爭不僅發生在雙邊關係，並且擴及全球層面。

一、結構性因素

所謂「結構性因素」，係指源自於國際體系的變化和大國之間權力分配的矛盾衝突。茲從三個面向分析：

（一）權力轉移：美國長期作為全球唯一超級大國，擁有穩定的霸權地位，但是中國的快速崛起嚴重地挑戰原先既有的權力結構，特別是在政治、外交、經濟、軍事與科技等領域。如此，也導引出「現狀國家」vs.「修正主義國家」的對立，即美國希望維持現有國際秩序，包括自由市場經濟、國際法治及盟友體系等等。但是，中國則希望塑造更有利於自身利益的國際環境，並挑戰美國的主導地位。

（二）意識形態的對立：冷戰後的國際秩序基本是以西方自由民主價值觀為核心，但中國的「中國特色社會主義」卻提供了另一種治理模式，特別是對發展中國家產生吸引作用。這種政治

體制與價值觀念的對抗，讓美國視中國模式為對自由民主和人權的挑戰，並將其定性為「制度性競爭」。

（三）全球權力多極化的推進：21世紀的國際體系不再是單一霸權或簡單的兩極化，而是多極格局的逐步形成，雖然美國仍是全球性的霸權。在這一架構之下，美中之間的對抗被視為是全球權力重組的重要推動力量。

二、行為者因素

行為者因素來自於美中兩國各自的戰略選擇與政策行動，這些行為既反應、也放大前述之結構性的矛盾。

（一）美國的戰略轉向：有關「戰略競爭」的定位，川普政府於2017年的《國家安全戰略》中便首次將中國明確界定為「修正主義國家」，而拜登政府則是延續此一界定。而「印太戰略」的提出、成形，則是反映在美國加強與印度、日本、澳洲等國的合作（如QUAD與AUKUS），用以遏制中國在亞太地區的影響力。此外，包括貿易戰與科技戰，美國對中國實施高關稅與「脫鉤」策略，對半導體、AI等高科技領域實施出口管制，企圖壓制中國在科技方面的興起。

（二）中國的國際行為：中國透過提出「一帶一路」倡議與基建投資，擴大全球影響力，此被美國視為經濟滲透。在軍事擴張方面，中國在南海的人工島礁建設與軍事基地化作為，嚴重地挑戰美國在印太地區的主導地位。在外交對抗方面，中國一方面強調「不干涉內政」，另一方面批評美國在人權等問題上採取雙

重標準。

　　（三）互不信任加深：以南海問題為例，中國認為美國介入南海事務是干涉其核心利益，而美國認為中國破壞國際海洋法與國際規範。而在台灣問題上，中國視台灣為主權不可分割的一部分，而美國則透過《台灣關係法》支持台灣軍事與經濟發展。另外在貿易戰與科技戰上，川普政府發起貿易戰，並對華為等中國科技公司進行制裁，雙方進一步升高對抗衝突至今。

參、修昔底德陷阱？

　　總結來看，美中戰略競爭似乎也反映了歷史與文化因素的交錯。其一是「修昔底德陷阱」的歷史預言。也就是說，當新興強國挑戰現有霸權時，戰爭或對抗幾乎（似乎）是不可避免。美中之間的互動與競爭即被視為是此一歷史的法則，這是可以預期的。其二則是源自於美中雙方的歷史記憶：中國努力雪洗「百年國恥」，追求民族復興夢想，渴望重新成為全球性的強國。而美國則有揮不去的冷戰記憶，將中國定位為曾經過往的蘇聯，以冷戰邏輯看待中國的崛起，如此自然衍生出抗衡的行動。一般認為，美中對抗的深層矛盾難以化解，像是因為權力轉移，而一方忌憚另一方，一方渴望超越、勝過另一方。又像是政治體制與意識形態的差異，雙方也都因此視對方為競爭的敵人。如前所述，縱使有許多議題、事項等待著彼此的合作，但是競爭與對抗才是（還是）主旋律。

新冷戰下的東南亞
王文岳／暨南國際大學東南亞系副教授

壹、新冷戰：定義與現實

關於新冷戰的看法在學界仍然沒有一致性的觀點，在政界亦同，但事實上，第一線涉入國際政治的官員，已普遍在使用此一詞彙。譬如，2024年9月18日美國副國務卿坎貝爾在眾議院外交事務委員會聽證會上，指出中國當前對於美國的挑戰超過冷戰！這種類似的言論在美國政界已甚為常見。

近20年，美國政界對於中國的看法已有巨大的改變。在美國經歷次貸危機與金融海嘯之際，由美中共管全球經濟的G-2主張才逐漸興起。2007年，弗格森和舒勒里克所主張〈「中美國」與全球資產市場繁榮〉，[1] 強調美中之間存在著共生關係，一方儲蓄而另一方消費，一方出口而另一方進口，一方提供產品而另一方提供服務，一方積累外匯儲備而另一方印製美元，兩國的分工對於全球資產市場的繁榮至關重要。翌年，伯格斯坦在《外交事務》進一步倡議美中應成立「平等的夥伴關係」，美國應鼓勵中國成為全球經濟體系中負責任的支柱，並尋求與北京建立真正的夥伴關係，共同領導全球經濟秩序。[2] 由該時起，美中共管的G-2

---

1. Ferguson, Niall, and Moritz Schularick, "'Chimerica' and the Global Asset Market Boom," *International Finance*, 10:3(2007), pp.215-239.
2. Bergstein, C. Fred, "A Partnership of Equals: How Washington Should Respond to China's Economic Challenge," *Foreign Affairs*, 87:4(2008).

概念開始於政界傳播。不多時，源於美國的金融危機席捲全球，而受惠於相對獨立的市場以及龐大的外匯儲備以及 2008 年的北京奧運，中華人民共和國國際威望達到頂峰，在這樣的全球背景下，中國被視為最有能力的救援者之一。

儘管 G-2 與美中共管等概念似乎肯定了中國日正當中的國際地位，但同時也可能助長「中國威脅論」，因此，北京並未擁抱 G-2 此一說法。中國總理溫家寶於 2009 年 11 月接待來訪的美國歐巴馬總統時，甚至明確表達對於 G-2 概念的不贊同，強調 G-2 概念不符合中國和平外交原則。但這樣的想法並無法拘束之後的權力繼承者。特別是 2010 年以後，中國的 GDP 已超過日本成為世界第二大經濟體，習近平上台以後，即一再強調「中國夢」，在外交上必須有所作為，同時開始構建以中國為中心的區域秩序。自此，中國與美國在意識形態和政治制度的重大差異，以及一些被認為不符合世貿組織規則的行為，再加上中國在處理國際關係上所發起的戰狼外交，均使美國意識到中國對於當前國際秩序的挑戰。2014 年，俄國無視國際規範，佔領烏克蘭東部領土並最終併吞克里米亞。大約在同一時期，中國在南海和對台灣的強硬行動也有所升級。自 2014 年以來，這兩個主要的專制國家表現出越來越不願遵守基於規則的國際秩序。

面對中俄的協作，自 2011 年起美國歐巴馬總統已開始調整美國戰略，在「重返亞洲」（Pivot to Asia）之後，開始了與中國在東南亞的區域領導權的競爭，在這一段期間，美中兩國之間的安全關係由「再平衡」（Rebalancing）戰略一路轉變至川普總統

（Donald Trump）以後的「印太戰略」（Indo-Pacific Strategy）；經濟關係由歐巴馬總統任內的「美中兩強共治」（G2）策略轉向「貿易戰」，美國在亞太地區的經濟戰略上已不再仰賴與中國的經濟合作來維持全球的經濟動能，取而代之的是以經濟上的脫勾來修正美中之間的貿易逆差。

貳、新冷戰與東南亞

在新冷戰逐漸成形的背景之下，美國進一步強化與盟邦的軍事交流，支持盟邦承擔更多的戰略責任，如同多數觀察者所見，自2016年以後美中關係最主要的結構變化，就是由交往走向對抗。[3] 自川普總統上台以後，升高美「中」關係之間的矛盾，以貿易戰作為反擊中國經濟攻勢的號角；之後，副總統彭斯（Mike Pence）也作出明顯政治宣示。2019年10月25日在華府智庫威爾遜中心（Wilson Center）發表就任以來第二次對中國政策演講，將美國與中國的關係描繪為攸關21世紀命運的重要議題，而這次主要的內容，涉及了廣泛的議題，包括了美中關係、美中貿易、人權與信仰自由，同時也提及香港和台灣問題。彭斯副總統除了明確指出中國企圖利用金錢與市場操控美國企業，輸出言論審查，同時罔顧全球價值，持續對美進行智慧財產權的竊取與政治滲透，但

---

3. David Shambaugh, *Where Great Powers Meet: America and China in Southeast Asia* (New York: Oxford University Press, 2020).

香港一連串的和平抗議代表中共這一連串作為不得人心，美國將堅持對於台灣民主自由的支持，批准更多對台軍售，以保持台灣作為堅實經濟體與中華文化暨民主燈塔的地位。[4] 在彭斯副總統措辭強烈的演講之後，美國參眾兩院於11月通過《香港人權與民主法案》（Hong Kong Human Rights and Democracy Act），被北京官方媒體與外交部視為干預內政而強烈批評，似乎又坐實了彭斯副總統演講中直指雙方存在的文化歧異。

2017年川普總統提出的「自由與開放的印度—太平洋」（Free and Open Indo-Pacific, FOIP），以及之後美國與日本、澳洲及印度的「四方安全對話」（Quadrilateral Security Dialogue, QUAD）之重啟，均顯示美中關係由交往走向對抗。美中雙方在政經方面的矛盾，對於東南亞的區域形勢造成三項結構性的影響，並且在2020年拜登總統上台以後仍然延續：

一、區域安全局勢改變

美中持續對抗，衝突延續到東南亞國家。川普總統（Donald Trump）主政之下所推動的「印太戰略」（Indo-Pacific Strategy）在拜登總統上台仍然持續，而川普所推動的「貿易戰」亦無停止，在全球安全的布局下，「美—中—俄」三方關係出現中俄「戰略協作」的變化，而美國則更仰賴與英澳紐加等傳統盟友所構成的「五眼聯盟」進行抗中之舉。以「自由航行」為名於東南亞及南海的軍艦巡航走向常態化，2021年1月28日美國大西洋理事會發表了《更長的電報》（The Longer Telegram）中，將中共挑戰國

際秩序的既存狀態歸咎於中共國家主席習近平上台以來之作為，主張透過中共現有領導人的更換來緩解當前安全僵局。[5]

二、疫情帶來之變數

其次，新冠疫情成為 2020 年以後東南亞區域局勢重要變數，即使中國發揮影響力的經濟工具受到限制，但其積極推動的《區域全面經濟夥伴協定》（Regional Comprehensive Economic Partnership, RCEP）有助中國與東南亞經貿往來持續升溫。當前東協已成為中國大陸最大的對外貿易夥伴，再加上東南亞成為新冠疫情爆發後中國經濟突破美歐國家反制的出口，中國與東南亞在此一時間雙方經貿往來趨於緊密，2021 年底，中國大陸高層在「第24次中國—東協領導人會議」與「中國—東協建立對話關係30周年紀念峰會」上提出全面戰略夥伴協定，強調了「共建和平」與「共建安寧家園」的雙重目標，要求東協在南海問題上保持不結盟以及建立東協無核武區的構想，以換取中國對於東協國家的1.5億劑新冠疫苗捐贈及農產採購。

---

4. 〈美國副總統彭斯再談中國政策 要北京別光說不練〉，《中央社》，2019 年 10 月 29 日，https://www.cna.com.tw/news/firstnews/201910250015.aspx
5. 《更長的電報》的內容畫定一系列美中軍事對抗的「紅線」，開戰的紅線包括中國對美國或其盟國的任何核生化攻擊與行動，並且美軍在東亞海域上將透過與盟軍戰艦更為有效的巡邏方式將南海的航行自由問題國際化，據此，美軍將說服澳洲、紐西蘭、印度、日本、韓國、新加坡與越南參與相關部署，同時提高台灣的機動作戰能力，以建立一個全球聯盟為目標。

2024年起，中國與東協根據2019年10月，中國大陸與東協簽署《修正中國—東協全面經濟合作框架協議》（Protocol on Revising the China-ASEAN Comprehensive Economic Cooperation Framework Agreement）推動「中國—東協自由貿易區協定3.0」（CAFTA 3.0）的修正，以推動90%的貨物受到零關稅的待遇，具體強化中國與東協雙方的貿易和投資自由化與便捷化、鞏固了雙方的經濟連繫。在2024年10月10日於寮國進行的東協系列峰會（包括東協與對話夥伴中國、韓國、日本、澳洲、印度、加拿大的個別高峰會，以及東協加三高峰會），中國藉由「第27屆中國—東協領導人會議」（27th China-ASEAN Summit）的場合，完成了「中國—東協自由貿易區協定3.0」（CAFTA 3.0）的談判，奠定了中國與東協共同建構超大規模市場的制度保障，加速推動中國與東協在立體聯通網絡、基礎建設、疫後市場建構等方面的合作。

三、東協國家面臨選擇壓力

儘管美國在2021年以來加強了對東南亞的外交與經濟支持，拜登總統一再宣示華府支持自由開放的印太地區，並通過「美國—東協戰略夥伴關係」以及「東協—美國數位發展聲明」，進一步促進美國與東協國家在技術與經濟上的合作。為應對中國大陸的影響，美國還聯合澳洲和英國提升了與東協的戰略合作，將雙邊關係升級為「全面戰略夥伴關係」，並積極邀請東協成員參加G7等多邊會議，以提升其在全球戰略中的地位。同時也鼓勵西

方為主的全球企業在去風險的思維下重新布局供應鏈,使越南、泰國、印尼成為替代中國的重要選擇,以協助東南亞國家拓展多元化外交與經貿,減少對中國的依賴,但由於美國投入規模不及中國的情形下,美中在東南亞的影響力出現消長互換的趨勢。

由於美中競爭加劇,包括新加坡李顯龍總理,印尼總統佐克威(Joko Widodo)與菲律賓總統杜特蒂(Rodrigo Duterte)均曾發表擔憂言論。[6]這樣的「選邊困境」迫使東南亞國家形成一種表面上近乎「經濟靠中共,安全靠美國」的避險策略以為因應,但由於主權的不可讓渡性,印尼、菲律賓與新加坡均公開表達對於中國「九段線」的主權主張以及專屬經濟海域聲稱的憂慮;據此,東南亞國家在《區域全面經濟夥伴協定》以後,在與中共深化經濟交流的同時,也強化與美國的安全合作,以謀求自身利益的確保。

2024年的美國總統大選以後,川普重返白宮,「川普2.0」之下的美中關係對於東南亞國家而言,除了在經貿上意味著「美國優先」(America First)的保護主義以外,也意味著東南亞在美國外交政策上的重要性持續削弱,更積極地採取避險策略以迴避美中衝突可能是未來東南亞國家主流的自保之道。

---

6. Strangio Sebastian, "Southeast Asian Leaders Air Fears Over US-China Rivalry," *The Diplomat*. https://thediplomat.com/2020/09/southeast-asian-leaders-air-fears-over-us-china-rivalry/, Sebastian, 24 Sep 2020.

中共「三海連動」戰略：地緣政治與軍事實踐

陳育正／國防大學政戰學院中共軍事事務研究所副教授

壹、新冷戰的背景

　　新冷戰的概念聚焦於美國與以中共為首的集權國家之間的全面對抗，其核心特徵並不僅限於軍事衝突，而是涵蓋意識形態、經濟、科技及國際秩序的多層面競爭。類似於 20 世紀的美蘇冷戰，新冷戰的根本問題在於自由民主陣營與威權集權勢力之間的競爭。無論是中共從 90 年代後快速地發展全球影響力與軍事能力，或是中共與俄羅斯的緊密合作，包括在軍事合作、經濟互助和塑造有利自身利益的國際秩序，在一定程度削弱美國主導的國際秩序，挑戰以二戰後建立的國際結構。[1]

　　歷史表明，美蘇冷戰未爆發大規模直接戰爭，但導致韓戰、越戰等地區性軍事衝突。相比之下，現階段的國際局勢可能帶來的安全挑戰更為複雜且危險。近年來，北京進行大規模軍事擴張，將國防預算從 12 年前的 1,060 億美元增加至 2,320 億美元，部分原因來自於中共當局結合龐大的市場經濟和軍事現代化能力。美國政府估計，實際軍費支出可能接近 7,000 億美元，與美國的

---

* 本文為作者個人見解，不代表作者單位立場。

1. Gregg Brazinsky, "US-China Rivalry in Asia and Africa: Lessons from the Cold War," *United States Institute of Peace*, June 2024, pp. 5-6, 18-20, https://www.usip.org/sites/default/files/2024-06/sr-530_us-china-rivalry-asia-africa-lessons-from-cold-war.pdf.

軍事開支相當。[2] 這種快速增長的軍費投入，讓中共在印太地區形成相對優勢。

值得注意的是，北京政府在東海、台海、南海等區域的軍事或準軍事活動，在美國的利益來看，認為中共正在破壞區域秩序；另一方面，對中共當局而言，東海方面的釣魚台列嶼問題涉及「中」日雙邊關係，以及《美日安保條約》；至於台海問題主要牽動自身「中華民族偉大復興」的遠程目標；南海則是牽涉多國利益交織的爭議熱點，包括主權、航運自由與海洋資源爭奪。中共在這三個海域進行的軍事演習、軍事活動等行為，是確保有能力捍衛其利益。因此，就美國的觀點來看，實際上是破壞國際規範的行為，以及透露出中共政府試圖改變既有現狀的意圖，尤其是在過去十年期間位於西沙群島和南沙群島等區域建立多個軍事設施，[3] 實質破壞區域軍事平衡現狀。

兩岸從 1949 年以來，北京當局對台海的軍事威脅並未有所放鬆。從 1954 年和 1958 年的台灣海峽危機，再到 1995 年後越來越頻繁的軍事演習，包括 2022 年 8 月以來多次「針對性」模擬入侵台灣的軍事行動，無不顯示其對我國戰略意圖的增強。整體來看，中共在「三海」（東海、台海與南海）活動與共軍「近海戰略」緊密關聯，北京政府近期在三海的軍事活動不僅是挑釁行為，對區域安全環境所造成的複雜挑戰，更是全面挑戰國際秩序。因此，筆者認為中共在「三海」的軍事活動，使得以美國為首的自由民主陣營必須進行多方位對抗。隨著中共科技實力的崛起及軍事現代化的發展，未來區域性緊張局勢可能進一步升級，

本文認為從美國的角度來看，中共快速崛起及對現有國際秩序的布局，確實改變了現有印太地區的安全態勢與軍事平衡，朝向新冷戰的格局發展。

貳、中共近海戰略與三海連動

　　三海連動與近海戰略在地理位置上存在程度不一的重疊性。本文指稱三海是指東海、台海與南海。而「近海」涵蓋範圍較「三海」更廣泛，從地理位置上來看，近海是包括黃海、東海、南海及太平洋北部部分海域。[4] 儘管兩者有所交疊，近海是中共軍事戰略中的一個核心術語，具有地緣意義與作戰廣度，而三海則是指特定區域的地緣政治與戰略連動，是近海概念的一部分。

　　北京政府認為這些地區涉及主權完整、經濟利益，攸關其國家利益，特別是與台海、東海、南海等牽涉主權爭端，必須在這些問題的立場上採取強硬態度。部分分析認為共軍與其武裝力量，在一定程度是針對這些地區進行軍事衝突想定的演練，其中牽涉

---

2. M. Taylor Fravel, George J. Gilboy, and Eric Heginbotham, "Estimating China's Defense Spending: How to Get It Wrong (and Right)," *Texas National Security Review*, Vol. 7, No. 3 (June 2024), pp. 41-43.
3. "Chinese Power Projection Capabilities in the South China Sea," *The Asia Maritime Transparency Initiative*, https://amti.csis.org/chinese-power-projection/.
4. 胡波，〈全球海上多極格局與中國海軍的崛起〉，《清華大學戰略與安全研究中心》，2020 年 11 月 17 日，https://ciss.tsinghua.edu.cn/info/nhwt/2655。

周邊島嶼或其他海洋地貌主權之爭。[5]中共《2010年中國的國防》白皮書提到,其海上力量在近海主要任務就是維護國家主權與海洋權益。[6]中共的海洋主權議題與海洋權益緊密結合,攸關北京當局的安全利益,因此,擴展海洋安全能力成為建設「海洋強國」的重要基礎。共軍、海警與海上民兵所組成的海上力量,被賦予捍衛這些所謂海洋權益與主權的重要責任。[7]

若將中共歷任領導人與習近平相比,可以發現習近平似乎更加重視海洋建軍,包括兩次重整海上執法力量(海監/海警、武警)、兩次海上大閱兵(三亞/南海、青島/黃海)、兩個新版《海警法》、《海上交通安全法》在2021年先後施行,以及《新時代的中國國防》白皮書提到海軍加快推進「近海防禦」向「遠海防衛」的海軍戰略轉變,這些都顯示習近平建設中共海洋強國的動力相當明顯。特別是日本推動釣魚台「國有化」、美國加強《美菲共同防禦條約》(Mutual Defense Treaty between the Republic of the Philippines and the United States of America, MDT),以及美國對台灣持續提供防衛能力的支持,北京當局感受到其位於「三海」的安全局勢受到嚴重挑戰。甚至也有分析指出,中國軍方最近在亞太地區利用與美軍近距離接觸的機會進行實戰訓練,這種訓練即是所謂的「拿敵練兵」,為將來可能發生的區域軍事衝突做好預先準備。[8]這也使得「三海連動」產生的軍事衝突風險日益劇增。[9]

參、中共在新冷戰下的軍事準備與實踐

由於「中」美競爭加劇、地緣政治衝突升溫,世界逐漸朝向「新冷戰」的格局發展。美國政府確實感受到北京政府在近海的軍事布局與準備所帶來的安全威脅。擔任美國拜登(Joe Biden)總統任內國家安全會議中國事務主任杜如松(Rush Doshi)就認為中共近年的軍事發展成果,使得美國在區域的軍事平衡優勢逐漸下降。其中,中共海軍潛艦的作用很大功能是要達到「反介入與區域拒止」(anti-access/area denial, A2/AD),讓他國軍力在衝突時期不易於中國周邊海域運作。[10] 東海與南海在爆發軍事衝突時,是攸關中共的「近海防禦」區域,不僅是共軍實施「反介入與區域拒止」戰略的最後屏障,亦是其海軍戰力的核心戰場。在這兩

---

5. 渡部悅和等著,李彥樺譯,《台灣有事》(新北市:燎原出版社,2022 年),頁 61-62;April A. Herlevi and Brian Waidelich, "The East and South China Seas: One Sea, Near Seas, Whose Seas?" *War on the Rocks*, May 9, 2024, https://warontherocks.com/2024/05/the-east-and-south-china-seas-one-sea-near-seas-whose-seas/
6. 張煒,《中國走向藍水》(北京:世界知識出版社,2020 年),頁 252。
7. Brent D. Sadler, *U.S. Naval Power in the 21st Century: A New Strategy for Facing the Chinese and Russian Threat* (Annapolis, MD: U.S. Naval Institute Press, 2023), p. 35.
8. Ryan D. Martinson and Conor Kennedy, "Using the Enemy to Train the Troops-Beijing's New Approach to Prepare its Navy for War," *China Brief*, 22:6(2022), https://jamestown.org/program/using-the-enemy-to-train-the-troops-beijings-new-appro
9. 林正義,《臺海最危險的地方》,頁 9-10。
10. Rush Doshi, *The Long Game: China's Grand Strategy to Displace American Order* (New York: Oxford University Press, 2021), pp. 69-70.

大海域執行反艦作戰，能達到削弱敵方海上力量，為後續在「台海」作戰奠定堅實基礎。[11]

除了中共海軍的現代化進程顯著加速，以及提升其近海作戰能力之外，中共還透過海上執法與軍事力量的結合，實現對區域國家的多面向壓迫。例如，中共近期運用海警與海上民兵力量成為中共捍衛在領土主權爭議的重要手段，包括2024年針對菲律賓船員的攻擊加劇，以及利用軍事與灰色地帶行動對我國施加壓力，美國國防部認為，中共在近海的軍事布局與運用，不僅有利長期戰略目標達成，同時也有利改變現狀。[12]

近海海域確實攸關到中共的統一問題，同時牽涉到中共統治的重大政治利益。中共戰略學者認為未來中共若取得台灣戰略地緣位置後，會更有利突破美國在印太地區的島鏈封鎖，能向印度洋與西太平洋延伸，畢竟美國在印太地區的軍事存在，是目前共軍海上力量走出去、在第一島鏈當中面臨了相當程度的困境，目前分屬南北的北海艦隊、南海艦隊不利戰略集中與應用。[13]因此，中共發展海上力量是爭取第一島鏈外的西太平洋和北部印度洋，保持有效的軍事力量存在，涵蓋以航母為核心的遠洋艦隊，將能維護海上戰略通道安全，以及牽制對手圍堵共軍發展的行動。在這一背景下，中共透過「三海連動」與「近海戰略」的結合，以及未來走出近海的戰略，北京政府利用軍事演訓與活動、灰色地帶行動等手段，擴大其地區影響力並挑戰現有的國際規範。

肆、結論

　　以上這些情況反映出中共試圖在應對美國的戰略包圍中，以低成本的方式實現其戰略目標，塑造一個由其主導的區域秩序，實際對現有的國際結構形成重大挑戰。本文認為中共布局三海與近海戰略，是中共挑戰既有國際秩序的重要體現。在一定程度來說共軍的「近海戰略」也成為北京當局反制美國「島鏈封鎖」的重要工具。以台灣為核心的第一島鏈，是中共向外擴展的主要障礙之一，特別是透過在東海、台海，以及南海的軍事訓練，反映中共軍隊努力強化島鏈之間活動能力，進一步向西太平洋與印度洋擴展的實踐。這種軍事活動的實踐不僅意味著中共在可能的新冷戰格局下的地緣野心，亦顯示其透過軍事威懾挑戰美國霸權的決心。

---

11. 胡敏遠，〈論中國大陸在南海實踐近海積極防禦的軍事戰略構想〉，《展望與探索》，頁 58、60；Ashley Townshend, Brendan Thomas-Noone, Matilda Steward, *Averting Crisis: American Strategy Military Spending and Collective Defense in the Indo-Pacific* (Sydney: United States Studies Centre at The University of Sydney, 2019), pp. 15-19.
12. Brent Sadler and Elizabeth Lapporte, "China's Evolving Risk Tolerance and Gray-Zone Operations: From the East China Sea to the South Pacific," *The Heritage Foundation*, September 9, 2024, https://www.heritage.org/defense/report/chinas-evolving-risk-tolerance-and-gray-zone-operations-the-east-china-sea-the-south；"Annual Report to Congress: Military and Security Developments Involving the People's Republic of China 2023," *U.S. Department of Defense*, October 19, 2023, pp. 146-147, https://media.defense.gov/2023/Oct/19/2003323409/-1/-1/1/2023-MILITARY-AND-SECURITY-DEVELOPMENTS-INVOLVING-THE-PEOPLES-REPUBLIC-OF-CHINA.PDF
13. 胡波，《2049 海洋強國夢》，頁 75-76。

新冷戰再界定與美中關係的探索
馬準威／淡江大學國際事務與戰略研究所助理教授

壹、四種概念：冷戰、熱戰、暖和平與冷和平

前美國國務卿季辛吉（Henry Kissinger）曾在 2019 年表示：「美國與中國已經處在『冷戰的山腳』，若不加以限制，這場衝突可能比第一次世界大戰更加慘烈。」又表示：「在我看來，在一段相對緊張時期後，進一步理解政治衝突肇因，並令雙方致力克服這些肇因的明確努力，尤為重要」[1] 這讓我們對美中關係若未控制得宜，即會走向「新冷戰」產生了諸多想像。不過「新冷戰」始終是個模糊的概念，本文嘗試從哥倫比亞大學教授多伊爾（Michael W. Doyle）的分類來做探討，他界定了冷戰（cold war）、熱戰（hot war）、暖和平（warm peace）、冷和平（cold peace）等四種概念，提供吾人在思考新冷戰時，另一個嶄新的概念框架。

多伊爾指出，所謂「冷戰」相對於「熱戰」，指的是國家之間不涉及直接軍事行動的衝突，主要透過「經濟和政治行動、宣傳、間諜活動或代理人戰爭」等形式衝突。而「熱戰」指的是動態的武裝國際衝突，例如二十世紀的兩場世界大戰，以及此前與此後國家之間發生的許多戰爭，一方或多方挑戰另一方的領土完整

---

1. "Kissinger Says U.S. and China in 'Foothills of a Cold War'," Bloomberg News, November 21,2019, https://www.bloomberg.com/news/articles/2019-11-21/kissinger-says-u-s-and-china-in-foothills-of-a-cold-war?leadSource=uverify%20wall

或政治獨立,並使用武力來實現他們的目標。「暖和平」,所指的和平關係,反映出國家的合法性,因為國界獲得承認,意識形態被認為是無關緊要的。例如拿破崙戰爭後的維也納和會協議,以及隨後的歐洲協調(Convert of Europe)時期。又如二戰後,北約與歐盟中蓬勃發展的自由民主國家之間共享的自由主義式和平。「冷和平」則是一個禁止使用武力的體系,體系中的各方能確保基本合法性,儘管其合法性存在重大差異。例如美蘇冷戰時期難以捉摸的低盪時期(Détente)。此外,「冷和平」應不包括代理人戰爭、秘密破壞或企圖破壞競爭國家的政治獨立,例如以色列與埃及的《大衛營協議》(Camp David Accords)。[2]

貳、從美中關係反向思考新冷戰

如果討論新冷戰跳脫了美中關係,似乎毫無意義。在蘇聯瓦解後,幾乎不會有人認為美國會與中國以外的國家發生新冷戰。換句話說,當代在討論新冷戰時,某種程度腦海浮現的是「美中新冷戰」。因此,吾人似可藉由比較「美中關係」與「美蘇冷戰」的差異,來釐清新冷戰的樣貌,或者評估是否發生新冷戰。

一、美中非資本主義與共產主義間競爭,是重商主義的競爭

從過去肯楠(George F. Kennan)〈蘇聯行為的根源〉(The Sources of Soviet Conduct)一文可以發現,共產主義基於它自身

的假設,具有天然的擴張性,因為資本主義內的階級對立無法消弭,所以最終必然產生階級革命,且此階級革命,具向其他國家橫向擴張的本質。[3] 不過有趣的是,當年肯楠對於蘇聯的描述,若我們今天把該文的主詞從蘇聯置換成中國時,似乎也仍可以理解,但這裡的問題在於,當年美國要圍堵的是共產主義的擴張,不過今天「中國特色的社會主義」本質上卻是一種資本主義。當今中國的擴張不像輸出世界革命的共產主義擴張,反而是一種資本主義的擴張,例如「一帶一路」輸出不是階級革命,而是用投資獲取自己的經濟與戰略利益,更像是一種「帝國主義。」那麼說來,美中的新冷戰競爭,再也不是資本主義對共產主義,而是資本主義間的競爭,它的樣貌更接近國際關係現實主義(realism)、民族主義(nationalism)或重商主義(mercantilism)。

二、美中尚未出現對抗的軍事同盟體系

美國同盟體系是當今國際關係中的一個重要現象。第二次世界大戰結束後,美國建立了一系列的多邊和雙邊同盟,將其納入對蘇聯競爭的戰略軌道。蘇聯解體後,美國的同盟體系卻未瓦解。美國川普(Donald Trump)政府將中國視「頭號競爭對手」、

---

2. 多伊爾(Michael W. Doyle)著,《冷和平》(新北市:明白文化,2024 年),頁 31-34。
3. George Kennan, "The Sources of Soviet Conduct (1947)," The History Guide, https://www.historyguide.org/europe/kennan.html

「修正主義國家」(revisionist state)，對「中」進行全方位競爭。[4]但是在這段新的競爭關係中，中國的「結伴不結盟」政策，讓集團對抗的現象偏弱。

直到 2019 年中共建政 70 週年時，仍強調「結伴不結盟」的外交政策。中共已建立 110 對各種形式的夥伴關係，「朋友圈越來越大」，「夥伴網」覆蓋全球，已成為全球 120 多個國家和地區的最大貿易夥伴。復旦大學國際關系與公共事務學院教授蘇長和表示，「結盟是『找敵人』的舊國際關係思維，結伴是『交朋友』的新型國際關係思維。」[5]2024 年 10 月，習近平在「金磚峰會」(BRICs summit)上再次表示：「當前，世界百年變局加速演進，既有多極化的新局，也有『新冷戰』的危局。」「要發出和平之聲，倡導對話而不對抗、結伴而不結盟的新型安全。」[6]這樣的結果是，美中之間要形成北約與華沙公約這樣的集團化對壘，變得不太容易。

三、雙方經貿互賴仍高

冷戰早期 1940 至 1960 年代，隨著鐵幕的形成和美國實施對蘇聯的經濟封鎖，雙邊貿易幾乎完全停滯。美國限制向蘇聯出口戰略性物資、技術和設備，阻止其發展軍事和工業實力。冷戰中期 1970 年代，尼克森政府推動「緩和政策」，美蘇簽署一系列貿易協議，促進了農產品貿易。例如，1972 年簽署《美蘇貿易協定》，蘇聯大量進口美國的小麥和玉米，以解決國內糧食短缺問題。儘管貿易有所成長，但美國對蘇聯的高科技產品出口仍受嚴

格限制。冷戰晚期1980年代，隨著雷根（Ronald Reagan）政府採取更強硬的反共政策，美蘇經濟關係再度轉冷。特別是1979年蘇聯入侵阿富汗後，美國對蘇聯實施嚴厲經濟制裁。整個冷戰時期，美蘇之間的貿易量平均僅佔兩國彼此對外貿易總額的2%左右。

2018年美中貿易戰開打前，美中貿易總額達到約6,600億美元，其中美國對中國出口約1,200億美元，中國對美國出口約4,600億美元。中國是美國最大的商品進口來源國，占美國進口總額的約20%。中國是美國第三大出口市場（僅次於加拿大和墨西哥），占美國出口總額的7-8%。美國是中國最大的出口市場，占中國出口總額的約19%。美國是中國第二大進口來源國，占中國進口總額的約8%。

貿易戰開打，至2023年，美中雙邊貿易總額為6,644.51億美元，同比（與2022年）下降11.6%。其中：中國對美出口：5,002.91億美元，下降13.1%。中國自美進口：1,641.60億美元，下降6.8%。[7] 從美國數據來看2023年，美國自中國進口總額為

---

4. 孫茹，《美國同盟體系：新時代的舊秩序》（北京：時事出版社，2024年）。
5. 劉葉婷、崔越、蕭驍，〈中國外交為什麼「結伴不結盟」？〉，《人民網》，2019年11月16日，http://politics.people.com.cn/BIG5/n1/2019/1116/c429373-31458749.html
6. 〈習近平出席金磚國家領導人第十六次會晤並發表重要講話〉，《人民網》，2024年10月24日，http://cpc.people.com.cn/BIG5/n1/2024/1024/c64094-40345956.html
7. 〈中國海關總署：2023年全年中美貿易額6644億美元，同比下降11.6%〉，《俄羅斯衛星通訊社》，2024年1月12日，https://sputniknews.cn/20240112/1056299588.html?utm_source=chatgpt.com

4,272.4 億美元，為 2012 年以來的最低水準；對中國出口達到 1,478.1 億美元，為歷史第三高。[8]

四、兩國社會往來大致暢通

2019 年美國共有約 37 萬名中國留學生，占國際學生總數的 33%，是美國最大的國際學生群體。2021 年後，受 COVID-19 疫情、簽證限制和地緣政治影響，中國留學生人數有所下降，但仍保持重要地位。2023 年，中國赴美遊客約為 107.8 萬人次，較 2022 年增長近 193%，但僅達 2019 年水準的約 38%。持有 F-1 和 M-1 簽證的中國留學生人數為 33 萬 365 人，較 2022 年增加約 2%，占國際學生總數的 21.9%。

五、情報站轉為駭客入侵

中國擁有眾多與國家有關連的駭客團隊，例如「APT41」和「中國人民解放軍 61398 部隊」，專注於網絡間諜活動。竊取美國公司核心技術，如半導體、人工智能和清潔能源技術。滲透美國國防機構以獲取敏感情報。攻擊美國關鍵基礎設施（如電網和通訊系統），造成戰略壓力。經典案例是 2015 年「OPM 數據洩露事件」，美國聯邦人事管理局（OPM）的 2,100 萬份個人數據被駭，懷疑由中國駭客發起，導致大量敏感信息洩露。2023 年微軟郵件系統被駭事件中，美國政府指控中國駭客攻擊了微軟電子郵件系統，影響多個聯邦機構，暴露大量政府信息。

六、鮮少「代理人戰爭」

中國被指通過出售武器和提供技術支持，增強伊朗在中東的地區影響力。雖未直接參與，但與伊朗的深厚經濟關係被視為對抗美國制裁的重要後盾。雖無直接證據顯示中國參與朝鮮的軍事行動，但長期對其經濟支持和國際庇護，被視為默許其挑戰美國及其盟國的行為。中國與巴基斯坦的「全天候友誼」常被用於制衡印度。但整體來講，美中之間針對彼此的代理人戰爭，非常罕見。

七、不曾出現「核戰危機」

美國自冷戰結束以來，進行了幾輪核軍控協議，最著名的是與俄羅斯的《新 START 條約》，該條約設立了核彈頭數量的上限，並規定雙方的核彈頭透明度和檢查制度。然而，當美國提出將中國納入這類協議時，中國表達了強烈反對，認為這對中國不公平，因為中國的核力量遠小於美國和俄羅斯。2021 年 4 月，兩國在阿拉斯加的會談中，首次就包括核問題在內的多個議題進行了討論。儘管此次會議並未達成具體協議，但雙方同意在核軍控、非擴散以及其他安全領域展開更多對話。美中兩國在軍控問題上面臨諸多挑戰，包括軍事透明度、核戰略的差異，以及對第三國（如北韓）核武擴散的影響。隨著中國核武現代化步伐的加

---

8. 〈2023 年美中貿易逆差大幅減少，戴琪：關稅是重要的防禦性工具〉，《美國之音》，2024 年 2 月 8 日，https://www.voachinese.com/a/us-china-trade-economy-tariffs/7478948.html?utm_source=chatgpt.com

快,兩國之間對這一問題的談判將愈加複雜。

八、台灣海峽成為「新柏林圍牆」的可能

比起內爆與對外侵略,中國內捲鎖國,然後跟美國達成一個新的對抗平衡——也就是再一次的「新冷戰」——對台灣相對比較安全。二戰之後,從1948年的第一次柏林危機到柏林圍牆蓋好,總共歷經13年。但在柏林圍牆築起後,冷戰的局勢反而大致穩定,因為東西陣營的界線自此確定。當然這很弔詭,很無奈,很悲傷。這場新冷戰的柏林圍牆很可能就是台灣海峽。[9]

參、結論

當我們在思考「新冷戰」時隱含的概念是,美中關係是否進入新冷戰?也就是說,我們事實上是用當前的美中關係,去思考新冷戰是否存在。當然我們很快的比對一下美蘇冷戰時期的互動模式與現在美中關係的互動模式,會發現兩者之間存在很大的差異。儘管如此,美中之間的修昔底德陷阱(Thucydides Trap)仍讓國際關係學界津津樂道。目前大家對兩國之間是否爆發熱戰看法比較保守,但是鮮少有人認為兩國之間的長期競爭會有可能停止。這創造出一種討論的空間,那麼不會發生熱戰的美中關係,是否能該當冷戰要件?

透過本文初步探討,當前就算美中之間發生競爭,甚至科技戰與貿易戰爆發,但是兩國之間的關係要能合乎美蘇冷戰時期的

關係，似乎還有很大的距離，只是兩國之間目前看起來並非「暖和平」的狀態。根據本文的觀察，兩國現在比較接近多伊爾分類的「冷和平」，又或者是一種更特別的類型，就是強勢競爭下的「冷和平」，當然隨著時間的推移，若關係進一步惡化，轉入冷戰的可能性也存在，不過若以川普第一任期到現在的這段時間來分析，兩國還是比較接近冷和平的狀態。

---

9. 〈解析習近平「登基」後 3 種路徑發展・吳介民：新柏林圍牆就是台灣海峽〉《報導者》，2022 年 10 月 25 日，https://www.twreporter.org/a/analysis-20th-national-congress-of-ccp-interview-wu-jieh-min

地緣政治視角下的新冷戰：誤用抑或真有其事？

盧信吉／明志科技大學通識教育中心助理教授

壹、前言

與「新冷戰」世代的專家學者相比，二十世紀美國戰略家肯楠（George F. Kennan），僅用一則《長電報》（long telegram）描述了美蘇之間既有軍備競賽卻又不帶煙硝味的競爭狀態，就領有「冷戰之父」美譽實在划算。究其原因除了創造一個描述貼近現實的形容詞以外，從國際社會的條件來說，或許更重要的是透過一種對於界線範圍清楚界定的模式，建構了一個「國際現勢」的說法。與之相比，當代國際社會對於「新冷戰」的定義與使用方式莫衷一是，說明一個概念是否能夠達成共識或許需要許多條件的配合，而「新冷戰」概念尚未一統，說明了一個能夠達成「均勢」的契機尚未出現。

貳、國家安全與「新」地緣政治理論

傳統地緣政治理論的焦點中，國家中心論以及國家追求安全的概念在過往與當代沒有區別，如論述地緣政治時多以追求國家行為者的安全為存在目的。包含地緣政治理論的演進過程，從解讀自然地理環境所造成的影響到創造出新的人文環境，蓋依（Colin S. Gray）的歷史階段分類可以證明，歐洲與非歐洲、殖民

與非殖民和最後結合政治經濟議題的意識形態區隔,正巧呈現二次世界大戰戰後國家之間相互對抗的局勢。未開發的、經濟發展未上軌道的、不文明的代表非我族類,「有害」(歐洲)國家安全;而歐洲內的種族安全無虞,不需要特別引用地緣政治範疇加以討論。安格紐(John Agnew)據以闡述,即便是自然環境,行為者仍得透過不同的認知賦予新解。在不同視野下創造環境價值,以及對行為者的反饋,讓行為者對於環境認知有所增益;反之,倘若錯誤解讀自然環境,則可能對國家行為者產生負面影響,損及本身利益,例如無法防止環境對國家安全產生危害。因此解讀周遭環境與行為者本身的行動選項上,需要謹慎地觀察自身與環境的關聯。換句話說,地緣環境與本體之間的連結雖然可能因為自然條件形成落差,但在進入當代國際社會框架下,仍會因為解讀者的認知差別,產生不同的結果進而對國家安全造成程度不一的影響,這大致上是地緣政治理論者對於地緣政治仍存在價值的主要論述。

　　與此同時,國家安全仍然是國家行為者追求的終極目標,因此建構國家發展的長遠規劃則是解讀地緣條件後的主要工作。《長電報》存在的目的也僅是為了協助美國政府研判蘇聯政府未來作為,並建議應對措施,而後竟成冷戰概念的發想與緣起,想必不在肯楠的預期之中。如同相關概念的演進,過去可能佔有關鍵影響力的因素也會因為外部條件的變化而隨之改變,如新科技的發展將改變地緣政治的樣貌,亦或是概念的再定義。土地、主權與國家等詞彙將因當代科技的改變而轉變型態,如公民意識因

全球化而連結,對於主權與國家的認同上,出現正當性的探討,亦或者是資產累積方式的轉變,讓土地的價值被重新詮釋,擴及國際政治議題中的面向。演變至近代,地緣政治的發展進入了戰略層次的思考,也就是說除了天賜的自然環境外,如何搶佔有利的地理環境,或者透過本身實力創造有利未來的地理環境成為主流。海權論、陸權論以至於空權論的一系列陳述,已經不單純討論地緣環境對於國際政治的影響,更甚者在於探討怎樣利用地緣關係發展強而有力的政策,形成國家發展的基本戰略。透過戰略的設計與實行,創造國家的優勢,成為地緣政治發展至今最具影響力的關鍵。

參、核子武器與「新」冷戰格局模式

人類歷史進程中,核子武器的角色一直都很重要,除了成為威力最強大的武器並推動第二次世界大戰結束以外,對於國家安全概念的維護與妨礙更有著不斷推進的關鍵影響。加之,北韓政府自 1984 年研發出第一枚短程彈道飛彈,成為美國國家安全的挑釁者後,就開始具體建構「新地緣」關係下需要的條件,即不論是否在自然環境中比鄰而居,在武器強力介入和連結後就成為了想像中的威脅。其後,兩韓政府儼然成為美、蘇(甚至於後來的美中)兩大強權在朝鮮半島上的代理人,並簽訂《朝鮮半島無核化共同宣言》(Joint Declaration on the Denuclearization of Korean Peninsula),就定調了北韓政府運用核子武器模式在未來世代中

的影響力。自此,北韓是否憤而退出《禁核擴散條約》(Treaty on the Non-Proliferation of nuclear weapon, NPT),[1]將引發起東北亞區域穩定發展,也會影響美國霸權地位的穩定程度,而不再是韓國單一國家的安全威脅來源。

甚至於在 1993 年 3 月國際原子能總署(International Atomic Energy Agency, IAEA)認定北韓政府未能遵守核子能源運用的相關規定,間接說明北韓政府擁有核子武器的可能後,都讓北韓被認定具有對其他國家安全威脅的能力。在這樣的前提下,全世界被迫要與西方社會認知的無核化目標努力,進而進行某種意識與價值的對抗。而認知到這樣議題連結契機的北韓政府,繼續利用核子武器建立起與當代西方社會的對話模式,並在能夠掌有對議題的設定以及控制權,占據較有利的戰略位置。

過去自然環境下沒有任何地緣戰略關係的兩個國家,在核子相關計畫的壓迫下,創造出新型態的地緣戰略關係。以國家是否能夠得到安全保障為出發點,納入當代科技日新月異發展的發展條件,讓國家行為者在地緣發展策略中,尋找出一個用以創造新連結的機會。在「相互保證毀滅」為終極結果的核子武器面前,其強大威脅國家基本生存可能的同時,猝不及防地改變國家政策的決定順序。地緣政治觀點的再修正,說明了未來可能對峙態勢的發展模式。

肆、代結論

　　地緣政治連結條件的轉變，往往促使現實國際政治因應改變，如過去拿破崙時代歐陸強權國家的合縱連橫，會因為需要共同抵抗一個非認知中國家強權（法蘭西帝國）的崛起重新整合。因此，在地緣政治模式的思考中，還是立基於國家與環境的連結與其認知，這不但是地緣政治中最核心的概念，也是在國家生存與安全維護的威脅下，必然要關注的焦點。競爭的地緣環境脈絡中，即便沒有意圖侵犯其他國家，也需要思考其他國家危害本國安全的可能性。同樣，思考在連結本體與環境的介質上，就成為影響地緣政治至關重要的因素，例如核子武器與其載具（飛彈）。

　　新世代是否能夠成為「新冷戰」的代名詞，或許還需要一點時間來證明。原因在於對於新冷戰來說，更多的挑戰是未來還有更新的「新冷戰」出現，因此在可預見的時空中，將冷戰乃至於新冷戰的概念逐步疊加上去，這是一種暫時性的稱呼與體驗。新模式是否能夠延續成為未來的「新」新冷戰，需要地緣政治學概念外溢到國際社會中，不僅止於探索自然地理對國際關係的影響，更重要的是衍生出對國家行為者非常重要的領土、經濟、外交等面向構成的地緣政治環境，進而成為一種全面性的對抗與對峙。然而，在現今的全球世界中，人口負擔增加、科技發展與工業化普及的環境，對全球化國際社會與國際關係理論帶來衝擊，

---

1. 1970年3月5日生效的「禁核擴散條約」。締約國不得從事核武建軍並接受國際原子能總署的檢查，但原已擁有核武的中、美、英、法、俄可繼續擁有核武，但不得進行國對國的核擴散。

國家行為者重新從地緣政治與地緣環境的觀點檢視其國家安全。因此，全球化對地緣政治理論的衝擊，乃重新喚起地緣政治學者重新關注「地緣因素」外溢到其他因素的現象。地緣並非唯一的自變項，也可能是中介變項，另須檢視包括經濟、社會或文化在內的自變數，透過地緣此一中介變數來看對國際關係的影響；因此，建構出經濟地理或人文地理疆界的條件，也成為地緣政治學者關心的目標。然而，不變的是國家安全的需求，不曾因為地緣政治因素型態的轉變而下降。相反的，在外交事件以一種新模式出現調整、環境影響介面從更多隱藏因素發揮影響力後，國家安全的維護將更具有挑戰性。傳統安全領域與非傳統安全領域的討論與研析需要更能及時的回應，否則單從過去單一形容詞的再利用，不足以貼切地說明當代國際社會的演變，當然也不足以真正地建構出能夠有效回應的應對之策。

冷戰、島鏈與亞洲：台灣的觀點與反思
Cold War, Island Chain and Asia: Taiwan's Perspective and Critics

主　　編	蔡東杰
作　　者	林碧炤、陳欣之、楊三億、蔡育岱、黃義杰、辛翠玲、王宏仁、唐欣偉、趙文志、林子立、崔進揆、平思寧、邱昭憲、陳冠任、希家玹、譚偉恩、李佩珊、周志杰、劉奇峯、陳偉華、陳亮智、王文岳、陳育正、馬準威、盧信吉
總 編 輯	龐君豪
責任編輯	歐陽瑩
封面設計	可樂、楊國長
排　　版	楊國長
發 行 人	曾大福
出　　版	暖暖書屋文化事業股份有限公司
	地址　106臺北市大安區青田街5巷13號1樓
	電話　02-23916380
	傳真　02-23911186
總 經 銷	聯合發行股份有限公司
	地址　231新北市新店區寶橋路235巷6弄6號2樓
	電話　02-29178022
	傳真　02-29158614
印　　刷	成陽印刷股份有限公司
出版日期	2025年4月（初版一刷）
定　　價	450元

Complex Chinese Edition Copyright©2025 by Sunny & Warm Publishing House, Ltd. All rights reserved.

國家圖書館出版品預行編目(CIP)資料

冷戰、島鏈與亞洲：台灣的觀點與反思 = Cold War, island chain and Asia : Taiwan's perspective and critics/ 林碧炤，陳欣之，楊三億，蔡育岱，黃義杰，辛翠玲，王宏仁，唐欣偉，趙文志，林子立，崔進揆，平思寧，邱昭憲，陳冠任，希家玹，譚偉恩，李佩珊，周志杰，劉奇峯，陳偉華，陳亮智，王文岳，陳育正，馬準威，盧信吉作；蔡東杰主編. -- 初版. -- 臺北市：暖暖書屋文化事業股份有限公司, 2025.04
280面 ; 21x14.8公分
ISBN 978-626-7457-27-6(平裝)

1.CST: 地緣政治 2.CST: 國際關係 3.CST: 冷戰 4.CST: 區域研究 5.CST: 文集

571.1507　　　　　　　　　　　　　　　　114003073

有著作權　翻印必究（缺頁或破損，請寄回更換）